이 책의 저자들은 최근에 나온 고린도전서에 관한 책들에 한 권을 더했다는 이유만으로도 축하받아야 한다. 왜냐하면, 고린도전서는 아주 오랫동안 로마서의 그림자에 가려져 있었기 때문이다. 저자들은 고린도전서에서도 은혜로 말미암은 의롭다 함, 육체의 중요성, 세속 문화와의 관계, 공동체의 예배, 일상의 구체적인 삶 등 여러 주제들이 로마서에서만큼 중요하다는 것을 탁월하게 제시한다. 요약하자면, 이 책은 모두에게 권할 만한 실용적인 주석이다.

- 앤서니 티슬턴(노팅엄 대학교, 체스터 대학교, 기독교 신학 명예교수)

고린도전서의 주요 주제들의 핵심만을 뽑아서 풍부하고 사려 깊게 적용한 대단히 훌륭한 책이다. 무엇보다도 염두에 둘 것은, 군더더기가 없으면서도 이해하기 쉬운 고린도전서에 관한 연구서로서 이 책의 메시지는 성령이 인도하는 변화와 진정하게 대항 문화적인 기독교 제자도를 위한 중요한 가능성의 문을 열어 줄 것이라는 점이다.   - 모리스 엘리엇(아일랜드 교회 신학 연구소 소장)

이 책은 매력적인 도시인 고린도에서 갓 태어난 교회에 쓴 바울의 첫 번째 편지인 고린도전서의 주요한 주제를 다룬 참신한 개론서이다. 저자들은 1세기 고린도 그리스도인들이 직면했던 많은 주제들이 21세기를 사는 교회들이 직면하고 있는 문제들과 매우 유사하다는 것을 설득력 있게 제시한다. 엔터테인먼트 문화, 경제 문제, 번영 추구, 성에 대한 집착이 그런 문제들 중 일부이다. 이 책은 개인 성경 공부와 교육은 물론 소그룹 모임을 위한 훌륭한 자료가 될 것이다. 이렇게 멋진 책을 쓴 저자들에게 감사드린다.

- 켄 클라크(아일랜드 남아메리카 선교회 전 선교 이사; 아일랜드 교회 킬모어, 엘핀, 아르다 전 주교)

이 책은 바울이 고린도전서에서 다룬 다양한 주제들이 오늘날 기독교 제자도와도 밀접하게 관련되어 있음을 알려 준다. 론 엘스던과 윌리엄 올하우젠은 그 당시 고린도 세계를 소개하고, 곤경에 처한 우리를 위로한다. 또한 이들은 성령이 인도하는 성경 읽기와 더불어 십자가에 관한 바울의 메시지가 얼마나 중요한지를 보여 준다. 이들은 서로 사랑하는 것, 성(性) 문제, 경제, 엔터테인먼트(오늘날의 셀럽 문화), 예배, 부활에 관한 바울의 가르침에 주목하게 한다.

- 개러스 리 코커릴(웨슬리 성서 대학원, 신약학 및 성서신학 명예교수)

Copyright ⓒ 2021 Ron Elsdon and William Olhausen
Originally published in English under the title
Transformed in Christ: First Corinthians
by Lexham Press, 1313 Commercial St., Bellingham, WA 98225, U.S.A.
All rights reserved.

Translated and used by permission of Lexham Press.

This Korean Edition Copyright ⓒ 2022 by Jireh Publishing Company,
Goyang-si, Gyeonggi-do, Republic of Korea.

이 한국어판 저작권은 Lexham Press와 독점 계약한 이레서원에 있습니다.
신저작권법에 의하여 한국 내에서 보호받는 저작물이므로 무단 전재와 무단 복제를 금합니다.

그리스도 안에서 변화되다: 고린도전서

Transformed in Christ: First Corinthians

그리스도 안에서 변화되다: 고린도전서
Transformed in Christ: First Corinthians

론 엘스던 & 윌리엄 올하우젠 지음
안규식 옮김

초판 1쇄 인쇄 2022년 12월 1일
초판 1쇄 발행 2022년 12월 10일

발행처 도서출판 이레서원
발행인 문영이
출판신고 2005년 9월 13일 제2015-000099호

기획, 마케팅 김정태
편집 송혜숙, 오수현
총무 곽현자

경기도 고양시 일산동구 백석로 71번길 46, 1층 1호
Tel. 02)402-3238, 406-3273 / Fax. 02)401-3387
E-mail: Jireh@changjisa.com
Facebook: facebook.com/jirehpub

책값은 표지에 있습니다.

ISBN 978-89-7435-611-8 04230
ISBN 978-89-7435-500-5 04230 (세트)

신저작권법에 의해 한국 내에서 보호받는 저작물이므로 저작권자의 서면 허락 없이 이 책의 어떠한 부분이라도 전자적인 혹은 기계적인 형태나 방법을 포함해서 그 어떤 형태로든 무단 전재하거나 무단 복제하는 것을 금합니다.

10 일상을 변화시키는 말씀

그리스도 안에서 변화되다
: 고린도전서

Transformed in Christ
First Corinthians

론 엘스던 & 윌리엄 올하우젠 지음
크레이그 바르톨로뮤, 데이비드 벨드먼 시리즈 편집
안규식 옮김

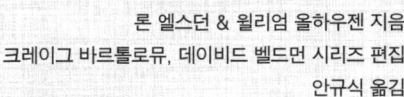

"그러나 우리에게는 한 하나님 곧 아버지가 계시니
만물이 그에게서 났고 우리도 그를 위하여 있고
또한 한 주 예수 그리스도께서 계시니
만물이 그로 말미암고 우리도 그로 말미암아 있느니라"
(고전 8:6)

목차

1장 고린도 여행 안내 · **9**

2장 잃었던 생명 찾았고 광명을 얻었네 · **22**

3장 성령의 도우심으로 고린도전서 읽기 · **33**

4장 다시 듣는 바울의 십자가의 도 · **46**

5장 바울에게 성 문제는 왜 그토록 중요했으며,
우리는 왜 여기에 관심을 가져야 하는가? · **61**

6장 자기 이익 추구 경제의 도전 · **74**

7장 그리스도인의 예배와 봉사, 그리고 성령 · **87**

8장 부활의 약속 · **100**

9장 고린도전서의 다음 안내 장소는? · **113**

추천도서 · **128**

※ **일러두기**
저자는 성경 구절을 NIV에서 인용했습니다. 이 책에서는 주로 개역개정과 새번역에서 인용했으며, 때로는 저자의 의도를 명확히 하려고 역자가 번역했습니다. 개역개정인 경우에는 따로 표기하지 않았습니다.

1장

고린도 여행 안내

　함께 여행하던 일행 중 한 사람이 나(론)를 바르셀로나 거리 한복판에서 멈춰 세웠다. 그리고 이렇게 소리쳤다. "누가 내 돈과 신용카드를 훔쳐 갔어요!" 그 물건들은 그녀가 어깨에 메고 있던 쇼핑 가방에 들어 있었다. 사실 나는 이런 일이 일어날 걸 미리 대비하고 있었다. 바르셀로나는 거리의 절도범들로 악명 높은, 타의 추종을 불허하는 명성을 가진 스페인 도시였기 때문이다. 이처럼 예나 지금이나 그리스 도시인 고린도를 포함해서 많은 도시들이 그 나름대로 듣고 있는 평판들이 있다. 그렇다면 고린도가 듣고 있던 평판은 합당했을까?
　일반적으로 바울의 편지 중 두 개의 편지가 다른 편지들보다 더 많은 관심을 불러일으킨다. 우선, 로마서가 그렇다. 로마서의 경우, 특히 신학적 내용이 중요하다. 하지만, 로마라는 도시에서 살았던 그리스도인들의 삶이 가진 역동성에 초점을 맞춘 내용은 거의 없다. 그런데 고린도전서는 다르다. 여기서 바울은 고린도라는 도시와 그곳에 있는 교회의 삶을 반영하는 문제를 다루고 있다. 따라서 고린도전서를 이해하기 위해서는 우선 이 도시의 역사에 관한 내용을 알아보는 것이 도움이 된다. 이를 위해 아리스토파네스(Aristophanes)에서부터 시작하는 것이 수월해 보이는데, 그는 고린도의 부도덕함을 묘사하기 위해 '코린티아제스타이'(korinthiazesthai, "고린도 방식으로 놀다")라는 용어를 도입했다. 나중에 보면, 고린도전서에서 바울은 성적 부도덕함의 분위기를 언급하고(7:2), 고린도 교회 구성원들 사이에 그러한 일이 있다는 보고에 몹시 경악한다(5:1). 스트라본(Strabo)의 설명에 의하면 고린도에는 아프로디테 여신에게 바쳐진 성전 창녀들이 천 명 있었다. 또한 아리스토파네스와 스트라본을 포함해서 다른 이들이 묘사한 고린도는 로마의 권위에 복종하길 거부한 것에 대한 보복으로 기원전 146년에 로마 군대에게 파괴되었다. 그 후 고린도는 폐허로 남아 있다가 기원전 44년에 율리우스 카이사르(Julius Caesar)에 의해 로마의 식민지로 재건되었는데, 이는 아마도 이 도시가 지리적으로 지닌 전략적이고 상업적인 특성 때문일 것이다.

신약 시대 무렵 고린도는 그리스에서 가장 크고 번영한 도시 중 하나가 되었다. 로마 제국은 자유민 여성들과 남성들과 더불어 수많은 재향 군인을 고린도로 이주시켰는데 이는 그들에게 출세할 기회를 주는 것은 물론이고 인구 과잉을 피하고 잠재적인 분쟁을 억제하기 위한 것이었다. 사실 로마령 고린도에서 행해진 부도덕함은 다른 지중해 상업 중심지에서 볼 수 있는 것과 크게 다르지 않았을 것이다. 하지만 옛 명성이란 쉽게 사라지지 않는 법이다. 여기서 고린도전서에서 다루어진 문제들을 분명히 제시할 수 있는데 이 문제들은 두 가지 특성을 지닌다. 곧 새롭게 재건된 도시로서의 상업 생활이 갖는 본성, 그리고 로마의 문화적 삶의 한 특징으로서의 수사학 기술이다.

고린도의 상업 생활

초기 로마령 고린도에서의 삶은 혹독했을지 모른다. 그러나 고린도는 얼마 지나지 않아 부요함으로 명성을 얻기 시작했다.

기원후 2세기 로마 제국의 상업 발전에 관한 우리의 연구는 그 당시 상업, 특히 외국과 속주들 간 해상 무역이 로마 제국의 부의 주요한 원천을 제공하였다는 것을 입증했다. 대부분 벼락부자들(nouveaux riches)의 부는 그것에 의존하고 있었다.[1]

1　Michael Rostovtzeff, *The Social and Economic History of the Roman Empire* (Oxford: Clarendon, 1957), 172.

이들 가운데 자유민들은 경제적이고 정치적인 지위를 획득할 수 있는 중요한 기회를 차지했다. 이들은 상업적 관계망을 구축해 나감으로써 부자가 될 수 있었다. 이들은 고린도 행정부에서 영향력 있는 직위를 사들이거나, 그 도시에 후한 기부금(leitourgoi)을 냄으로써, 또한 로마 제국에 대한 종교적 충성심을 공개적으로 과시함으로써 더 나은 지위를 획득할 수 있었다. 무엇보다도 후견인 제도는 로마 제국 전반에 걸쳐 사회적, 종교적, 경제적 삶의 필수적인 요소였다.

황제로부터 나온 거대한 관계망은 가장 천한 자유민이나 노예에 이르기까지 곳곳에 "하향식"으로 은혜(beneficia)를 분배했다. 마찬가지로 낮은 사회 계층으로부터 지속적인 감사(gratia)의 흐름이 "상향식"으로 올라가 그들의 후원자에게 충성을 바치고 명예를 부여했다.[2]

이 체계가 지속적으로 원활하게 작동하기 위해서는 일종의 윤활유 같은 것이 필요했다. 오늘날에는 돈으로 친구를 살 수 없지만 고린도에서는 그것이 가능했다. "우정"은 마치 게임 같은 것이

---

2   J. Nelson Kraybill, *Imperial Cult and Commerce in John's Apocalypse*, Journal for the Study of the New Testament Supplement Series 132 (Sheffield: Sheffield Academic, 1996), 78.

었다. 저명한 사람들이 "친구들"에게 수여한 혜택에는 사업상 계약, 공직 임명, 저녁 식사 초대 등이 포함되었는데 거기에는 모두 조건이 따라붙었다. 이에 대해 세네카(Seneca)는 만약 당신이 진정으로 그런 혜택을 받은 사람이라면 반드시 "흔쾌히 망명을 하거나, 피를 쏟아 내거나, 가난을 감내할 수 있어야 한다"라고 말했다. 이 말은 "친구"와 그의 후원자 사이를 묶는 의무를 은유적으로 설명한 것이다. 타키투스(Tacitus)는 수혜자들에게 "반항과 파멸을 복종과 안전보다 선호하지 말라"라고 경고했다. 고린도와 같은 도시에서는 수많은 자유민 남성과 여성이 자신의 비천했던 과거의 낙인을 지우고 더 나은 지위를 얻기를 갈망했다.

진정한 로마인이 되는 것, 그리고 할 수만 있다면 로마 사회에 진입해 그 사회에 동화되는 것, 이것이야말로 수많은 고린도 사람들, 그리고 아마도 고린도에 있는 기독교 에클레시아(ekklēsia)에 속한 많은 이들이 가진 목표였을 것이다. 로마령 고린도는 여러 면에서 자유민 남성과 여성들의 도시였고 신분 상승의 유동성이 상당히 높았다. 이런 고린도의 상황에서는 어떤 사회에 진입하여 동화되고자 하는 강렬한 동기 부여가 있었다.[3]

---

3 Ben Witherington III, *Conflict and Community in Corinth: A Socio-Rhetorical Commentary on 1 and 2 Corinthians* (Grand Rapids: Eerdmans, 1995), 201.

이와 같은 고린도의 풍경은 바울의 설교를 듣는 청중 내지 고린도 가정 교회의 구성원이 된 사람들이 어떤 부류인지를 알려 주는 단서가 된다.

수사학, 그리고 고린도의 문화생활

영국의 방송인 맬컴 머거리지(Malcolm Muggeridge)가 현대 엔터테인먼트 산업의 부상을 연구하면서 이렇게 비꼬아 말했다. "저는 제 텔레비전 안테나를 제거해 버렸습니다. 마치 도덕적 전립선 수술을 받은 것 같습니다." 이것은 왜 오늘날 대학 수강 신청에서 미디어 과목이 학생들에게 인기가 있는지를 설명하는 이유들 중 하나다. 하지만, 이러한 일은 현대에만 해당하는 독특한 현상이 아니다. 엔터테인먼트 산업은 1세기 고린도와 같은 도시들에서도 활발했고 번성했다. 그 중심에는 수사학이 있었다.

수사학은 1세기 그리스-로마 사회에서 강력하고 설득력 있는 역할을 하는 도구였다. 수사학은 하나의 상품으로서 대다수 사람들이 생산자이거나 훨씬 더 많게는 소비자였으며, 열렬한 소비자인 경우도 자주 있었다.[4]

4　Duane Litfin, *St. Paul's Theology of Proclamation: 1 Corinthians 1-4 and Greco-Roman Rhetoric,* Society for New Testament Studies Monograph Series 79 (Cambridge: Cambridge University Press, 1994),

수사학은 양질의 교육에 있어서 필수적인 것으로 높이 평가되었고, 특히 사회적 신분 상승을 위해서도 필수적인 것으로 여겨졌다. 한 평론가는 여기서 뒤처진 사람들이 느끼는 "무능함이라는 무기력감"을 설명한 적이 있다.[5] 수사학은 쉽게 동요하기 쉬운 청중에게 내적인 실체라기보다 외적 형식에 더 가까워졌다. 수사학은 꾸미고 보여 주기 위한 용도로 점점 더 많이 사용되었으며, 수사학적 기교는 말 그대로 어떤 전시품처럼 되어 버렸다. 이에 대해 스토아 철학자들은 수사학이 공허해지고 있으며, 우아하게 연설하는 웅변가들을 위한 것에 지나지 않게 되었다고 주장했다. 한 예로, 필론(Philo)은 수사학을 "섀도복싱"(shadowboxing)으로 묘사하기도 했다.

대항 문화적 문서로서의 고린도전서

경제적 상승을 향한 열망과 1세기 엔터테인먼트 문화라는 이 두 가지 요소는 바울이 고린도에 있는 그리스도인들에게 편지를 쓸 당시 논쟁거리가 되었던 주제들에 반영된다. 바울은 고린도에 있는 그리스도인들에게 그들이 가진 신앙을 대항 문화적

202.
5 Bruce W. Winter, *Philo and Paul among the Sophists,* Society for New Testament Studies Monograph Series 96 (Cambridge: Cambridge University Press, 1997), 182-83.

인 것으로 바라보도록 도전했다. 헨리 데이비드 소로(Henry David Thoreau)는 이렇게 말했다. "어떤 사람이 그의 동시대인들과 보조를 맞추지 않는다면, 아마도 그건 그가 다른 드러머의 소리를 듣고 있기 때문일 것이다. 그 음률이 어떻든 혹은 얼마나 멀리서 들려오든 상관없이 자신이 듣는 바로 그 음악 소리에 따라 발걸음을 내딛게 하라."[6] 물론 (언제나 그렇듯) 우리가 받는 유혹은 군중을 따라가라는 것이다(롬 12:1-2을 보라). 우리가 속한 문화에서 분별력을 가지고 살아가는 것은 성경적 기독교와 만나는 접점을 찾는 데 도움을 준다. 한편으로는, 우리 대부분이 향유하고 있는 경제적 번영은 다른 이들에 대한 책임을 포함해서 어떤 것보다도 개인적인 부유함을 우선시하라고 우리를 유혹한다. 다른 한편으로는, 수사학은 오늘날 기술 혁신이 주도하는 엔터테인먼트에 대한 심취와 상응한다. 영국의 최고 랍비였던 조너선 색스(Jonathan Sacks)는 "인정사정없는 소비문화"에 관해 다음과 같이 기록했다.

만약 우리 자녀들이 걱정하는 것이 광고주가 이들로 하여금 걱정하게 만드는 것(옷, 스마트폰, 아이팟)이라면, 이들은 자유롭고 은혜로운 사회 질서를 세우는 사람이 될 수 없을 것이다. 만약 공영 방

---

[6] Henry David Thoreau, *Walden* (1854), G. Curtis Jones, *1000 Illustrations for Preaching and Teaching* (Nashville: Broadman & Holman, 1986), 23에서 인용함.

송이 유행을 뒤좇는 피상적인 말들로 이루어진 단순한 오락에 불과해진다면, 우리는 교양 있고 원칙을 가진 대중을 결코 찾아볼 수 없을 것이다.[7]

이러한 배경 아래 고린도전서를 읽는다면 다음과 같은 질문에 대한 답을 얻는 데 도움이 될 것이다. 과연 초기 그리스도인들은 이러한 압박을 어느 정도 **인식하고** 있었는가? 그들은 이러한 압박에 저항하는 데 얼마나 성공했는가? 과연 이러한 내용이 이천 년이 지난 지금 우리가 동일한 문제에 대처할 수 있도록, 그리고 다른 드러머의 리듬에 맞춰 춤출 수 있도록, 곧 이 세상과 다른 모습으로 살아가도록 하는 데 어떤 방식으로 도움을 줄 것인가?

개요

아래 고린도전서 개요는 신학적인 의도(그다음에 있는 "고린도전서의 신학적 핵심" 참조)에 따른 것이 아니라 바울이 다루었던 연속되는 여러 문제들에 근거한 것이다. 이 개요는 바울을 걱정스럽게 만들었던 고린도 교회에 대한 소식뿐 아니라 고린도 교회 성도들이 제기한 문제들을 함께 다루면서, 양쪽의 대화를 들을 수 있도

---

[7] Jonathan Sacks, *The Home We Build Together* (New York: Continuum, 2007), 236.

록 도움을 준다.

1. 여는 인사와 감사(1:1-9)
2. "글로에의 집 편으로 너희에 대한 말이 내게 들리니"(1:10-2:16)
3. "어떤 이는 말하되 나는 바울에게라 하고 다른 이는 나는 아볼로에게라 하니 너희가 육의 사람이 아니리요"(3:1-4:21)
4. "너희 중에 심지어 …이 있다 함을 들으니"(5:1-6:20)
    a. "그런 음행은 이방인 중에서도 없는 것이라"(5:1-13)
    b. "너희 중에 누가 다른 이와 더불어 다툼이 있는데 구태여 불의한 자들 앞에서 고발하고"(6:1-11)
    c. "모든 것이 내게 가하나 다 유익한 것이 아니요"(6:12-20)
5. "너희가 쓴 문제에 대하여 말하면"(7:1-10:33)
    a. "남자가 여자를 가까이 아니함이 좋으나"(7:1-40)
    b. "우상의 제물에 대하여는"(8:1-13)
    c. "내가 자유인이 아니냐 사도가 아니냐"(9:1-27)
    d. "그런즉 선 줄로 생각하는 자는 넘어질까 조심하라"(10:1-33)
6. "너희가 모든 일에 나를 기억하고 또 내가 너희에게 전하여 준 대로 그 전통을 너희가 지키므로 너희를 칭찬하노라"(11:1-16)
7. "내가 명하는 이 일에 너희를 칭찬하지 아니하나니"(11:17-14:40)
    a. "먼저 너희가 교회에 모일 때에 너희 중에 분쟁이 있다 함을 듣고"(11:17-34)
    b. "형제자매들아 신령한 것에 대하여 나는 너희가 알지 못하기를 원하지 아니하노니"(12:1-14:40)
8. "형제자매들아 내가 너희에게 전한 복음을 너희에게 알게 하노

니"(15:1-58)

   a. "너희 중에서 어떤 사람들은 어찌하여 죽은 자 가운데서 부활이 없다 하느냐"(15:1-34)

   b. "누가 묻기를 죽은 자들이 어떻게 다시 살아나며 어떠한 몸으로 오느냐 하리니"(15:35-58)

9. "성도를 위하는 연보에 관하여는"(16:1-4)
10. 마무리 및 인사(16:5-24)

고린도전서의 신학적 핵심

바울 신학의 핵심에 대한 다양한 제언들이 있어 왔다.

- 믿음으로 말미암은 의로움
- 대속
- 그리스도에 대한 개인적 체험으로서, 그리스도와의 연합("그리스도-신비주의")
- 종말론 – 종말이 다가옴에 따른 하나님의 목적
- 성령의 강림
- 하나님의 영광

바울 서신을 연구하는 사람들은 누구나 자신이 선택한 신학적 핵심이 자신이 소속한 교회 그리고/혹은 교단의 신학적 경향과 연관되는 경향이 있다. 각자의 바울 서신 읽기는 당연히 이러한 선택에 영향을 받을 것이다. 하지만 위에서 나열된 가능성들의 범위는 바울의 신학적 비전이 매우 풍성해서 각자에게 맞는 하나의 "핵심"으로 이를 욱여쌀 수 없다는 것을 보여 준다. 그 대신에, 우리는 바울이 어느 특정한 교회에 목회적인 편지를 쓰고 있었을 당시 그가 이야기하려던 바를 들어야 한다. 한 예로, 비록 명확한 삼위일체 신학이 드러나지 않더라도, 고린도전서의 각 주제들에 대한 바울의 반응은 성부, 성자, 성령 하나님에 관한 그의 이해를 반영한다. 특히 십자가에 대한 바울의 언급이 중요하다. 바울은 십자가가 하나님과의 생명력 있는 관계의 **시작**에만 제한되지 않도록 십자가와 윤리가 연결되는 가능성을 연다. 더 나아가서 십자가는 그리스도인들이 부름받은 일상생활과 관계들의 형태를 규정한다.

> 바울 서신을 연구하는 사람들은 누구나 자신이 선택한 신학적 핵심이 자신이 소속한 교회 그리고/혹은 교단의 신학적 경향과 연관되는 경향이 있다. 각자의 바울 서신 읽기는 당연히 이러한 선택에 영향을 받을 것이다. 하지만 위에서 나열된 가능성들의 범위는 바울의 신학적 비전이 매우 풍성해서 각자에게 맞는 하나의 "핵심"으로 이를 욱여쌀 수 없다는 것을 보여 준다.

| 읽 어 볼 글 들 |

- 다니엘 1장
- 마태복음 5장
- 로마서 12장

| 생 각 해 볼 질 문 |

01 영적인 관점을 가지고 문화에 관여한다는 것은 무슨 의미인가? 대중문화는 반-기독교적인가? 아니면 대중문화와 하나님 나라의 가치는 공통되는 부분이 있는가? 그리스도인들은 자신이 살고 있는 곳의 지배적인 문화(들)을 얼마나 잘 이해하고 있는가? 지난 5/10/20년 동안 이 지배적인 문화 안에 어떤 변화가 있었는가?

_____

_____

02 사운드 바이트(sound-bite: 저널리즘의 한 형태로, 긴 녹음 파일에서 뽑아낸 짧은 길이의 음성 파일이나, 연설 혹은 인터뷰에서 편집한 짧은 구절이나 문장 – 역자 주) 정보의 맹공격은 우리 문화의 뉴스 소비를 어떻게 변화시켰는가? 이 변화는 더 좋아진 것인가, 아니면 더 나빠진 것인가?

_____

_____

03 예수님의 십자가 죽음의 의미를 숙고해 보자. 그분의 희생은 어떤 방식으로 그리스도인의 삶에 지속적인 영향을 미치는가?

_____

_____

2장

잃었던 생명 찾았고 광명을 얻었네

　어느 날 저녁 초인종이 울렸다. 내(론)가 사는 동네에 있는 교회에서 나온 두 사람이 밖에 서 있었다. 우리는 몇 분가량 담소를 나누었고, 나는 내가 안수받은 성공회 사제라는 것을 밝혔다. 잠시 침묵이 흘렀고, 이후 짐작했던 질문이 나왔다. "당신은 구원받았나요?" 나를 찾아온 사람들은 내가 구원받은 날짜, 시간, 장소 등 특정한 종류의 회심 경험을 기대하고 있었다. 그러나 이런 회심 간증이 종종 놓치는 것이 있는데, 그것은 바로 경험 그 자체에서 흘러나오는 그 무엇이다. 사도행전에는 흔히 다메섹 도상 사건으로 불리는 바울의 회심에 관한 세 가지 기록이 있다(행 9, 22, 26장을 보라). 이 기록들이 가진 사소한 차이들 때문에 놀랄 이유는 없다. 만약 그 기록들이 모두 다 정확히 일치한다면, 이 기록들은 정형

화된 것처럼 보일 것이다. 누가가 제시하는 세 가지 기록은 모두 바울의 삶의 여정에 다메섹 도상 사건이 미친 커다란 영향을 증언한다. 이 사건은 바울의 사유에 예수 그리스도의 십자가와 부활이 중심이 되는 일종의 혁명을 일으켰다. 바울은 그의 서신들(예를 들면, 갈 1:15-16; 빌 3:12)에서 여러 방식으로 이를 설명한다. 이처럼 급진적인 사건은 바울이 드물게 사용하는 제한된 몇몇 단어들(특히 "회개하다"[metanoeō, 메타노에오]와 "돌이키다"[epistrephō, 에피스트레포])로 표현할 수 있는 것보다 더욱 풍부한 방식으로 표현된다. 우리는 분절된 단어들이 아니라 구와 문장으로 대화한다. 종교적 회심에 관한 최근의 몇몇 사회학적 연구들은 폭넓고 풍부한 어휘들을 사용하여 신자에게 미친 영향력을 표현하는 일련의 "수사학적 장치들"(rhetorical indicators)을 발견했다.[8] (아래에 설명된 것과 같은) 이런 장치들은 바울의 인생에서 다메섹 도상 사건이 그에게 미친 파급력을 증언한다.[9]

1. 전기적 재구성. 이것은 과거 삶의 측면들을 거부하고, 다른 요소들을 재정의하고, 새로운 방식으로 유형을 다시 구성하는 것을

---

[8] David A. Snow and Richard Machalek, "The Convert as Social Type," in *Sociological Theory,* ed. Randall Collins (San Francisco: Jossey-Bass 1983), 259-89.

[9] N. T. Wright, *Paul: A Biography* (London: SPCK, 2018, 『바울 평전』, 비아토르).

포함한다. 전기적 재구성은 회심자의 증언에서 두 가지 특정한 측면을 이끌어 낸다. 그것은 이전의 잘못된 삶의 방식을 인정하는 것과(예를 들어, "한때 나는 그렇게 생각했지만 이제는 깨달았다."), 회심 경험의 능력과 가치를 강조하기 위해서 회심 이전의 죄성을 강조하는 것이다.

2. 자기 귀속 계획의 채택. 이것은 이전에는 다른 사람들의 행동을 포함해서 다양한 외부적인 요인들의 탓으로 돌렸던 문제들을 이제는 자신의 죄성에 귀속시키는 것을 뜻한다. "나 같은 죄인 살리신"(Amazing Grace)이란 찬송가가 좋은 예시가 된다. "나 같은 죄인 살리신 놀라운 은혜(얼마나 다정하게 들리는가)"[10]

3. 유비적 추론 중단. 우리는 종종 대상들을 비교하기 위해서 유비(analogies)를 사용한다. 그러나 회심을 표현하는 것은 고유성(uniqueness)의 언어이다. 이와 같은 상징 언어(대조의 언어)는 회심 사건의 성스러움을 표현한다. "잃었던 생명 찾았고 광명을 얻었네."[11]

> "나는 태양을 보기 때문만이 아니라 태양을 통해서 모든 것을 보기 때문에 태양이 뜬다는 것을 믿는 것처럼, 나는 기독교를 그렇게 믿는다."
> ─ C. S. 루이스, "신학은 시인가?", 『영광의 무게』

---

10 존 뉴턴(John Newton)의 찬송가 "Amazing Grace" 중에서.
11 "Amazing Grace" 중에서.

4. 자기 역할 수용. 회심자는 소속된 종교 집단 내에서 자신의 주된 정체성을 파악하고, 여기에 뒤따르는 일들을 기꺼이 자기 삶의 중심으로 받아들인다. 이것은 역할 선택이 다른 이들에 의해 정해지는 상황들(예를 들면, 인종이나 성별과 관련해서)과는 대조적이다. 회심 경험을 한 많은 이들은 교회의 전임 사역자가 되고, 이 과정에서 어떤 사람들은 상당한 재정적 희생을 감수하기도 한다.

고린도전서에 나타난 바울 회심의 영향

고린도전서를 포함해서 바울의 서신에는 이러한 회심에 관한 "수사학적 장치들"을 보여 주는 예가 많다. 이 장치들은 회심이 그의 삶과 사상에 완전한 변화를 일으킨, 한 인간의 강렬한 자화상을 보여 준다. 이러한 예시들을 찾기란 어렵지 않다.

고린도전서 1-4장

1:18-31의 첫 문장인 "십자가의 도[메시지]가 멸망하는 자들에게는 미련한 것이요 구원을 받는 우리에게는 하나님의 능력이라"라는 진술은 십자가에 대한 상반되는 반응들을 묘사한다. 또한 여기에는 자서전적 요소도 포함되어 있다. 그리스도의 오심은 바울로 하여금 그 이전의 자신을 "구원받은" 자가 아니라 "멸망하는" 자로 이해하게 했다. 이것은 일반적인 신학적 진술 그 이상이다.

그것은 바울이 이미 17절("그리스도께서 나를 보내심은 세례를 베풀게 하려 하심이 아니요 오직 복음을 전하게 하려 하심이로되")에서 언급했던, 자신에게 위임된 복음과 관련되어 있다. 22-24절은 "표적"과 "지혜"을 구하는 것과, "십자가에 못 박힌 그리스도"에서 뚜렷하게 묘사된 그리스도의 죽음을 전적으로 구분한다. 바울은 이를 18절의 두 가지 범주와 연결하는데, 곧 "구원을 받는" 자들과 "멸망하는" 자들은 십자가를 각기 완전히 다른 방식으로 이해한다는 것이다.

2:6-16 단락은 여러 대조들로 가득하다: 하나님의 계시를 받을 수 있는 사람들과 그럴 수 없는 사람들, 세상의 영과 하나님으로부터 온 영(2:12), 사람의 지혜가 가르친 말과 성령께서 가르치신 것(2:13). 이와 같은 대조가 극단적이라는 사실은 2:14에서 분명히 드러나는데, 한쪽 집단은 하나님으로부터 온 것은 받을 수 없는데, 다시 말하지만, 그들은 그것을 "어리석은 것"으로 인식하기 때문이다.

3:10("내게 주신 하나님의 은혜를 따라 내가 지혜로운 건축자와 같이 터를 닦아 두매 다른 이가 그 위에 세우나")에 나오는 "은혜"라는 용어는 그리스도 안에서 이전에 나타난 하나님의 은혜로운 행위에 대한 일반적인 언급일 수 있고, 아니면 교회를 세우는 사도적 책무를 가리키는 것일 수도 있다. 바울은 반복해서 이 책무를 다메섹 도상

에서 그리스도와 만난 사건에서 비롯된 그의 사도적 소명(4:15-17; 9:1, 2; 고후 3:1-3; 10:12-16; 또한 롬 15:20을 보라)으로 언급한다.

고린도전서 5-16장

고린도전서 9장 초반에서 제기된 바울의 수사학적 질문들 중 하나("내가 … 예수 우리 주를 보지 못하였느냐")는 다메섹 도상 사건을 또다시 언급한다. 이를 주석한 고든 피는 15-18절이 지니고 있는 수사학적 "필력"(vigor)과 고도의 사적이고 감정적인 특징에 주목한다.[12] 또한 그는 바울이 "내가 복음을 전할지라도 … 내가 부득불 할 일임이라"(9:16)라고 한 진술은 감정적 호소가 아니라 다메섹 도상 사건(갈 1:15-16)에서 계시된 바울의 새로운 부르심을 가리키는 것임을 지적한다.[13] 바울의 이러한 진술들은 빌립보서 3:12에서 다메섹 도상 사건을 묘사한 것처럼 그가 그리스도 예수에게 "잡힌 바 된" 것 혹은 하나님이 그에게 복음을 위탁한 것(고전 9:17; 골 1:25; 살전 2:4)과 상응한다.

10:33에서 "나와 같이 모든 일에 모든 사람을 기쁘게 하여 … 그들로 구원을 받게 하라"라는 구절은 바울이 사람을 기쁘게 하

---

12 Gordon D. Fee, *The First Epistle to the Corinthians*, New International Commentary on the New Testament (Grand Rapids: Eerdmans, 1987, 『NICNT 고린도전서』, 부흥과개혁사), 394.
13 Fee, *First Epistle to the Corinthians*, 418.

지 않으려 했던 것(갈 1:10; 살전 2:4)과 명백하게 모순된다. 이러한 사실은 바울의 삶에 있어서 복음 선포의 중심성을 보여 준다. 또한 이 주장은 이미 바울이 9:22에서 이야기했던 내용("내가 여러 사람에게 여러 모습이 된 것은 아무쪼록 몇 사람이라도 구원하고자 함이니")을 반복하는데, 여기서 바울의 유연성은 가능한 한 많은 사람에게 그가 가진 새로운 믿음을 나누고자 하는, 한 회심자의 충실함을 반영한다.

한편, 15:8-10에서 바울은 다메섹 도상에서 부활하신 그리스도와의 만남을 정확히 언급하면서("맨 나중에 만삭되지 못하여 난 자 같은 내게도 보이셨느니라") 자신에게 주어지는 비판에 대해 자신을 변호한다. 이 구절의 두 가지 추가적인 내용은 그의 회심을 선명하게 제시한다. 첫째, 9절에서 자신을 칭한 내용("나는 사도 중에 가장 작은 자라 나는 … 사도라 칭함받기를 감당하지 못할 자니라")과 하나님의 은혜의 결과("그러나 내가 나 된 것은 하나님의 은혜로 된 것이니 내게 주신 그의 은혜가 헛되지 아니하여") 사이의 대조가 있다. 둘째, 바울이 이전에 박해했던 그리스도가 지금은 그의 주님이시고, 이제 자신은 복음을 전파하는 새로운 사명을 받았다는 점이다. 이후 10절에서 바울은 자신의 수고와 다른 사도들의 수고를 비교한다. 바울은 다른 사도들을 폄하할 의도가 없었기 때문에 이는 대조라기보다 비교라 할 수 있다. 바울이 자신의 사역을 설명한 구절은 그가 주님께

온 마음으로 충성을 다하고 있기에 수고하고 헌신할 수밖에 없음을 증명한다. "내가 모든 사도보다 더 많이 수고하였으나."

유대교에 대한 바울의 철저한 재평가

다른 곳에서 바울은 자신이 회심 이전에 뼛속 깊이 정통 유대인으로 살았음을 묘사한다(예를 들어, 갈 1:13-14; 빌 3:4-6). 그렇다면 바울은 회심 이후에 어느 정도로 바뀌었던 것일까? 두 개의 텍스트가 바울이 가졌던 정통 유대교의 유일신 신앙이 그의 사도로서의 경력 초기에 급진적으로 변했다는 것을 보여 준다.

첫째, "철저한 유일신론적"[14] 텍스트인 신명기 6:4("이스라엘아 들으라 우리 하나님 여호와는 오직 유일한 여호와이시니")은 "그러나 우리에게는 한 하나님 곧 아버지가 계시니 만물이 그에게서 났고 우리도 그를 위하여 있고 또한 한 주 예수 그리스도께서 계시니 만물이 그로 말미암고 우리도 그로 말미암아 있느니라"(고전 8:6)로 재구성된다. 바울은 예수를 중심으로 위와 같은 핵심적인 유대교 신조를 변형시킨다. 한 주석가는 이러한 변형을 "놀라울 정도"[15]라고 묘사한다.

---

14 N. T. Wright, *The New Testament and the People of God* (London: SPCK, 1993, 『신약성서와 하나님의 백성』, CH북스), 362.
15 James D. G. Dunn, *The Theology of Paul the Apostle* (Grand Rapids: Eerdmans, 1998, 『바울 신학』, CH북스), 253.

둘째, 10:1-15에서 바울은 출애굽기에 묘사된 광야의 방랑을 비유로 들어 고린도 교회에서 있었던 원망의 문제를 다룬다. 바울은 이스라엘 백성이 기적을 통해 반석에서 나온 물을 마신 사건을 언급하며 다음과 같이 설명한다. "다 같은 신령한 음료를 마셨으니 이는 그들을 따르는 신령한 반석으로부터 마셨으매 그 반석은 곧 그리스도시라"(10:4; 출 17:1-7; 민 20:2-13을 보라). 고린도전서 8:6에 기록한 것처럼, 바울은 유대교 경전 주해를 기독론적 용어로 변형시킨다. 벤 위더링턴은 이를 다음과 같이 평가한다.

바울의 사유 세계는 예수 그리스도를 중심으로 작동한다. 바울의 기독론은 그의 사유 전체를 설명하며, 때로는 상대적으로 기독론과 연관되지 않을 것이라 여겨지는 바울의 사상적 측면들도 조명해 준다. 예컨대, 바울이 고린도 교회 청중에게 이스라엘 백성을 위해 물이 나왔던 그 반석이 그리스도였다고 말할 것을 누가 상상이나 했겠는가?[16]

따라서 일종의 수사학, 즉 바울이 다메섹 도상에서 부활하신 그리스도를 만난 사건이 바울로 하여금 자신의 신앙과 부르심 전체

---

16 Ben Witherington III, "The Origins of Paul's Christology" in *Dictionary of Paul and His Letters*, ed. Gerald F. Hawthorne, Ralph P. Martin, and Daniel G. Reid (Downers Grove, IL: InterVarsity Press, 1993), 103.

를 깊이 재고하게 만드는 결과를 가져왔다는 것을 보여 주기 위한 수사학이 고린도전서 전체에 분명하게 드러난다. 그 사건은 마치 하나의 혁명과도 같았다. 그것은 개인의 인격적 차원을 넘어, 바울의 사역과 소명에도 큰 영향을 미쳤으며, 고린도전서는 바로 그 빛 아래서 읽어야 한다. 다음 장에서 우리는 고린도 교회의 여러 문제에 관하여 고린도 교회에 설교하는 바울의 목소리를 듣게 될 것이다. 그 본문의 밑바탕에는 다음과 같은 질문이 자리한다. 과연 고린도 교회 사람들은 바울이 그러했던 것처럼 진정으로 철저하게 "회심한" 것일까? 달리 말하자면 이렇다. 고린도 교회 사람들도 일반적인 세상 관습에 순응하지 않는 방식으로 살고 있는 것일까?

| 읽 어 볼 글 들 |

- 사도행전 9:1-22; 18:1-11; 22:1-21; 26:4-23
- 갈라디아서 1:11-17
- 빌립보서 3:1-14
- 디모데전서 1:12-17

| 생 각 해 볼 질 문 |

01 사회학자들은 어떤 사람이 자기 주변을 둘러싼 세계의 의미를 (즉각적으로 혹은 점진적으로) 재구성하는 "회심"(conversion)과, 이전에 자신이 이해했던 의미 체계를 그대로 유지하고 여기에 새로운 통찰을 결합시키는 "유착"(adhesion)을 구분한다. 당신의 신앙적 삶의 여정을 되돌아볼 때, 당신은 회심한 사람인가, 아니면 유착한 사람인가?

---

02 예수 그리스도는 당신의 삶과 정체성을 어떻게 변화시켰는가? 당신은 자신을 소개할 때, "나는 어디에서 살고, 직업은 무엇이고, 그리스도인입니다."라고 설명하는 것이 편한가? 아니면 "나는 그리스도인입니다. 그리고 나는 …입니다."라고 설명하는 것이 편한가?

---

03 교회 구성원이 예수 그리스도를 자기 신앙의 중심으로 삼지 않을 때, 어떤 일이 일어날까? 그리고 이러한 일은 왜, 어떻게 발생하는 것일까?

3장

성령의 도우심으로 고린도전서 읽기

　고린도전서와 같은 고대 문헌에 관한 개론이나 개요, 혹은 주석은 해석의 문제를 무시할 수 없다. 해석과 관련된 주제들을 지속적으로 숙고하기 위한 활동을 가리키는 전문용어가 바로 해석학이다. 해석학은 우리가 텍스트를 이해하는 방식과 관련된 다양한 행위와 역학을 탐구함으로써, 우리가 "아, 이제야 이해한 것 같습니다."라고 말할 수 있는 지점에 도달하도록 만들어 준다. 앞서 이 책 1장과 2장은 고린도전서의 역사적 맥락, 저자 바울의 전기적 요소, 그리고 바울이 고린도전서를 기록하게 된 몇 가지 이유라는 측면에서 배경 지식을 제공했다. 이 모든 내용은 바울 서신을 적절하게 이해하는 데 필수적이지만, 여기서 더 나아가서 신앙적 성서 해석자가 되기 위해서 요구되는 것은 바로 성령과의 특별한 동역이다. 한 주석가는 이렇게 말했다.

> 성령은 과거와 현재를 이어 주시는 분이고, 우리로 하여금 성부께서 보내신 성자 예수님을, 그리고 예수님 안에서 성부 하나님 그분을 보고 만나도록 해 주시는 분이다. 이 점이 성령 사역의 위대함이다. 이러한 성령의 사역은 성경과 연관된 해석학적 질문에 관한 모든 숙고에 있어서 우리를 향해 놀랍고 압도적인 실재로 다가온다.[17]

우리가 살아가는 방식에 복음을 적용한다는 것이 무슨 의미인지 이해하기 위해 배우는 것은, 앞서 말했던 것처럼, 새로운 리듬에 맞춰 춤추는 법을, 곧 세상과는 다른 방식으로 살아가는 법을 배우는 것과 같다. 이는 죄가 우리 안에 있는 하나님의 형상을 손상시켰고, 그 결과 하나님의 도우심 없이는 하나님의 방식을 분별하기가 불가능하다는 것을 우리는 알기 때문이다. 따라서 이 장에서 우리는 하나님의 영으로 복음을 이해하는 방식들, 특별히 십자가의 도를 복음의 본질적인 내용으로 이해하도록 돕는 몇 가지 방식을 탐구할 것이다.

---

17 Jan Veenhof, "The Holy Spirit in Hermeneutics," in *The Challenge of Evangelical Theology*, ed. N. M. de S. Cameron (Edinburgh: Rutherford House, 1987), 115.

바울은 고린도에 있는 교회 안에서 발생한 여러 문제와 폐단에 대해 들으면서 그 교회가 복음의 온전한 의미를 이해하는 데 어려움을 겪고 있다는 것을 알았다. 이들의 해석은 문제가 있었고, 그 결과 고린도 교회 사람들은 성령을 거스르는 방식으로 행동하고 있었다. 이에 대해 바울은 다음과 같이 기록했다. "육에 속한 사람은 하나님의 성령의 일들을 받지 아니하나니 이는 그것들이 그에게는 어리석게 보임이요, 또 그는 그것들을 알 수도 없나니 그러한 일은 영적으로[오직 성령을 통해서만] 분별되기 때문이라"(고전 2:14). 그와 동시에 고린도 교회의 몇몇 사람들은 성령 안에서 자신을 "지혜로운" 자로 여겼지만, 사실 이들은 그저 교만한 사람일 뿐이었다(4:6b). 바울은 그들에게 성령은 십자가의 도(2:4)를 확증하는 분이시고, 인간이 십자가 안에서 하나님의 구원 목적을 분별하도록 돕는다는 것(2:10-12)을 일깨워 주었다. 하나님의 사건은 하나님의 해석을 요청한다. 하나님의 영이 예수의 십자가 사건 속에서 강력하게 역사하신 것처럼, 하나님의 영은 인간의 삶에서 우리가 믿음으로 이해하고 반응하도록 강력하게 역사할 것임이 틀림없다.[18] 고린도전서에서 바울은 우리가 성령의 도움을 가장 잘 받아들여, 하나님 앞에서 신실하게 살아가는 법을 알 수 있는 그

---

18 이러한 일을 기독교 교리에서 영감(inspiration) 혹은 조명(illumination)이라고 한다.

런 종류의 앎에 도달하도록 몇 가지 방법을 일깨워 준다.

기도하는 마음으로 읽기

성경을 읽거나 듣기에 앞서 이를 준비하는 가장 좋은 방법은 성령께서 우리의 믿음의 눈을 열어 하나님의 말씀 안에 있는 놀라운 것을 보게 해 주시길 구하는 것이다(시 119:18). 바울은 이렇게 기록했다. "우리가 세상의 영을 받지 아니하고 오직 하나님으로부터 온 영을 받았으니 이는 우리로 하여금 하나님께서 우리에게 은혜로 주신 것들을 알게 하려 하심이라"(고전 2:12). 나(윌리엄)의 신약학 교수님은 강의를 시작하기 전에 언제나 기도를 먼저 하셨다. 당시 그의 모습은 지금도 나의 뇌리에 생생하게 남아 있는데, 내 기억으로는 당시 옥스퍼드 대학교 신학과에 그렇게 기도로 시작하는 강의는 하나도 없었기 때문이다. 하지만 그 교수님이 절대적으로 옳았다. 만약 우리가 읽고 있는 성경을 이해하고자 한다면 취할 수 있는 모든 종류의 도움이 필요한데, 그중에서 가장 필요한 도움은 특별히 성경 본문 말씀에 생기를 불어넣은 성령께 얻는 도움이다(딤후 3:16). 어떤 교회들은 "성경으로 기도하기"에 관한 이야기를 한다. 홈즈는 교황 베네딕토 16세의 사상에서 기도가 갖는 위상에 대해 논평하며 다음과 같이 기록했다. "기도 없이 신학적 앎을 발전시키는 것은 불가능하다. 기도는 '사랑의 눈'을 뜨게

하고, '바라봄의 능력'을 향상시켜 준다."[19] 말하자면, 우리는 고린도에 전해진 이 편지를 개봉할 때, 기도부터 해야 한다.

교회와 함께 읽기

시편 95편은 회중을 하나님의 말씀을 듣기 위해 겸허하게 순복하는 자리이자 엄숙한 초청의 자리로 안내하면서 예배의 흐름과 목적을 이해하는 데 유용한 틀을 제공한다(시 95:6-7). 또한 이 시편은 우리가 성경을 단지 개인적으로만 읽는 것이 아니라 하나님의 가족 공동체의 일원으로서 읽는다는 것을 알려 준다. "그는 우리의 하나님이시요 우리는 그가 기르시는 백성이며 그의 손이 돌보시는 양이기 때문이라"(시 95:7). 바울은 이 첫 번째 편지를 고린도 교회 교인들에게 쓴 것이지, 고린도 교인 중 특정한 한 사람에게만 쓴 것이 아니다. 다음으로, 우리는 그의 서신을 사도적 가르침, 곧 예수님의 부활을 목격한 증인이 주는 가르침으로 받아들인다. 이와 같이, 예수님에 관한 이 편지의 증거는 교회 안에서의 믿음과 실천을 위한 토대로서의 권위를 가지고 있다. 바울은 사도였다. 그리고 초기 교회와 마찬가지로 지금도 신실한 독자들은 사도

---

19 Christopher R. J. Holmes, "Learning Jesus' Prayer," in *The Theology of Benedict XVI: A Protestant Appreciation*, ed. Tim Perry (Bellingham, WA: Lexham Press, 2019), 110.

들의 가르침을 따르는 데 힘쓰길 원할 것이다(행 2:42). 이러한 이유 때문에 바울은 예수 그리스도 안에서 (그가 살고 있는) 삶의 방식을 고린도 교회 성도들에게 상기시켜 주기 위해 고린도 교회에 디모데를 보내기도 했다(고전 4:17).

감사함으로 읽기

나(윌리엄)는 종종 함께한 모든 이들에게 감사한 일들을 생각해 보라고 인도하면서 기도 모임이나 교회 예배를 시작할 것이다. 그런 감사한 일들로는 (아일랜드에서는 매우 드문) 아름답고 화창한 날씨의 아침이 될 수도 있고, 우리가 현재 하고 있는 일이 될 수도 있으며, 또한 친구와 가족이 될 수도 있다. 나는 이렇게 감사하는 일이 내 자신의 성품과 감정을 어떻게 변화시키는지를 확인하고는 이따금 깜짝 놀라기도 한다. 바로 이러한 방식이 비록 고린도 교회 사람들에게 말하기 곤란한 내용이 있음에도 불구하고 바울이 그의 편지를 시작하는 방식이다.

그리스도 예수 안에서 너희에게 주신 하나님의 은혜로 말미암아 내가 너희를 위하여 항상 하나님께 감사하노니 이는 너희가 그 안에서 모든 일 곧 모든 언변과 모든 지식에 풍족하므로 그리스도의 증거가 너희 중에 견고하게 되어 너희가 모든 은사에 부족함이 없이 우리 주 예수 그리스도의 나타나심을 기다림이라 주께서 너희를 우리 주 예수 그리스도의 날에 책망할 것이 없는 자로 끝까지 견고하게 하시리라 너희를 불러 그의 아들 예수 그리스도 우리 주와 더불어 교제하게 하시는 하나님은 미쁘시도다(고전 1:4-9)

감사함이 늘 우리의 즉각적인 반응이거나 우리의 타고난 성품은 아닐 것이다. 그러나 감사는 하나님께서 우리를 위해 행하신 모든 일에 대한 합당한 반응이다. 감사는 하나님께서 우리를 위해 준비해 두신 것을 받아들일 수 있는 생각과 마음을 갖추는 데 도움이 된다.

겸손함으로 읽기

최근 BBC 웹사이트에 올라온 한 기사는 겸손함이라는 미덕을 칭송한다.[20] 저널리스트인 데이비드 롭슨(David Robson)은 이렇게 썼다.

지난 십 년 동안 겸손함의 특징과 이 겸손함이 우리의 사고와 판단에 미치는 영향을 조사한 잇따른 새로운 연구 결과가 많이 있었

---

20 David Robson, "Is This the Secret of Smart Leadership?," BBC News, May 31, 2020, https://www.bbc.com/worklife/ article/20200528-is-this-the-secret-of-smart-leadership ?ocid=ww.social.link.email.

다. 이 연구에 의하면, 겸손한 사람일수록 배움과 의사 결정, 그리고 문제 해결에 더욱 탁월하다. 심지어 어떤 연구는 겸손함은 성과적 측면에 있어 그 사람이 가진 실제 IQ를 능가할 수 있음을 발견했다.

한 가지 더 놀라운 사실은 이 기사가 인류 역사에서 겸손함으로 가장 잘 알려진 예라 할 수 있는 예수의 삶과 죽음에 대해서 어떤 언급도 하지 않았다는 것이다. 고린도전서의 맥락에서 우리는 십자가에 못 박힌 메시아의 관점에서 이 편지를 읽도록 안내를 받는다. 그것은 우리가 그리스도의 겸손을 따르는 것이다. 바울이 십자가에 관한 메시지(1:18)와 성령의 계시 사역(2:6-16)을 직접 연결시킨 것은 매우 중요하며, 어떤 성서 주석가가 말한 것처럼, 그것은 성서 해석의 핵심이다.[21] 겸손은 나약함이 아니다. 겸손은 사람들이 우리를 마구잡이로 대해도 된다고 선언하는 헌장도 아니다. 오히려 겸손은 이 세상 속에서 하나님의 통치에 순복하는 것이다. 그리고 진정으로 기독교적인 겸손은 우리가 개인적으로 생명의 위험을 감수해야 한다 하더라도 정의와 자비를 수호하는 일에 담대하게 만든다.

---

21 Margaret M. Mitchell, *Paul, Corinthians and the Birth of Christian Hermeneutics* (Cambridge: Cambridge University Press, 2010), 58.

소망함으로 읽기

성령의 영감으로 성경을 읽는 것과 떼려야 뗄 수 없이 연결된 것은 바로 그리스도의 부활을 통해 드러나는 소망의 지평이다. 성령은 과거, 현재, 미래 모두를 이 세상 마지막까지 붙들고 계신 분이다. 그러므로 우리는 소망으로 가득한 사람, 곧 그리스도의 영광스러운 부활에 참여하리라는 약속을 붙들고 십자가에 못 박힌 그리스도를 따르는 사람으로서 성경을 읽는다. 내(윌리엄)가 섬기는 교회에는 교회 앞쪽 세례대(baptismal font) 근처의 간이 강대상에서 하나님 말씀을 봉독하고 강해하는 규례가 있다. 이 규례가 갖는 상징이 주는 유익은 이루 다 말할 수 없는데, 왜냐하면 이 상징은 우리가 세례 받은 자로서, 그리고 그리스도와 함께 죽고 그리스도와 함께 부활한 자로서 하나님의 말씀 아래 앉아 있음을 알려 주기 때문이다.

> "성령의 역사함을 통해서 성경 말씀은 변화한다. 그 말씀은 빛을 발하고, 그 빛으로 당신과 당신의 주변을 가득 채운다. … 성경은 이제 생생하게 살아 숨 쉰다. 마치 하나님이 강력한 권위를 가지고 말씀하시면서도 동시에 매우 온화하게 말씀하시는 것처럼, 성경의 모든 구절이 특별하게 나를 위해 쓰인 것 같지만 때로는 숨이 막힐 정도로 무겁게 다가온다."
> ― 라니에로 칸탈라메사(Raniero Cantalamessa), 『오소서, 창조의 영이여: "베니 끄레아또르"(Veni Creator)에 대한 묵상』

사랑함으로 읽기

바울이 생각하는 이상적인 독자에 관한 설명은 우리가 그의 사상에서 사랑이 갖는 중심성을 이해하지 못한다면 완성되지 못할 것이다. 바울에게, 십자가는 그리스도의 사랑이 가진 넓이를 알려 준다. "이제 내가 육체 가운데 사는 것은 나를 사랑하사 나를 위하여 자기 자신을 버리신 하나님의 아들을 믿는 믿음 안에서 사는 것이라"(갈 2:20). 이와 같은 자기희생적 사랑[22]은 고린도전서 13장의 주제이자 성령 안에서 살아가는 삶의 기초다. (이 주제는 이 책 7장에서 다시 다룰 것이다.) 여기서는 가장 중요한 내용이 무엇인지 아는 것만으로 충분한데, 곧 우리는 그리스도의 사랑이 향하는 대상인 동시에 서로 사랑하도록 부르심을 받은 사람으로서 성경을 읽는다는 것이다. 우리가 가지고 있는 사랑을 표현하는 방법들 중 하나는 바로 공감할 줄 아는 것이다.

공감을 다르게 설명한다면, 이런 방식일 것이다. 즉, 우리는 반드시 우리가 읽고 있는 인물들의 입장이 되어야만 한다는 것이다. 오늘날 성경 해석가들은 우리가 세상에 대해 이해하고 있는 대부

---

[22] 사랑에 관한 단어가 하나뿐인 영어와는 달리, 그리스어에는 6-7개의 단어가 있다. 고린도전서 13장에 나오는 사랑에 해당하는 그리스어는 agape(아가페)다. 아가페 사랑은 무조건적인 혹은 자기희생적인 사랑을 뜻한다. 따라서 아가페 사랑은 그리스도 안에서 우리를 향하신 하나님의 사랑을 생각하게 한다.

분의 내용이 우리의 배경과 삶의 경험을 통해 형성되는 방식에 더욱 주의를 기울이게 되었다. 이러한 통찰은 우리로 하여금 바울이 살았던 시대의 고린도와 관련된 많은 사회적 역동성에 좀 더 민감하게 반응하도록 만들어 줄 것이다.[23] 우리는 고린도 교회 안에 있었던 권력의 역할을 고찰할 수도 있다. 그것은 고린도 교회 구성원들 사이의 사회적 거리의 정도, 사람들이 속한 다양한 관계망, 교회 구성원들이 실제로 서로를 어떻게 생각했는지에 관한 내용, 그리고 고린도의 지역적·문화적 관습과의 관련성을 포함한다. 만약 우리가 고린도 교회를 둘러싸고 있는 막을 한 꺼풀 벗겨 내면, 오늘날 우리 자신의 삶과 우리 시대 교회 생활 안에서 기독교의 제자도를 따르는 데 놓인 장애물이 무엇인지를 이해하기 시작할 것이다.

우리 시대와 문화를 위한 바울의 메시지 이해하기

신앙을 가지고 성서를 읽음으로써 성서 본문을 이해하려고 노력하는 것은 기독교 제자도에서 필수적인 부분이다. 원래 사건에서 시간적으로 상당히 먼 거리에 떨어져 있는 우리가 그 사건에

---

23 성서 주석가들은 고린도전서 1:26을 고린도 교회의 사회적 구성과 이들이 가진 잘못된 열망의 원인, 그리고 이들 사이에 존재했던 분파주의에 대한 단서로 꼽는다.

대해 대화하게 될 때, 우리는 온갖 새로운 관점과 경험과 신념을 물려받은 상태에서 그 대화에 임하게 되어 있다. 우리는 사도들의 가르침을 듣기 위해, 그러면서도 우리 시대와 문화에 있어 그것이 갖는 권위와 의미를 이해하기 위해 고심하게 된다. 이 장에서 우리는 이처럼 어려운 과제를 어떻게 해결할 수 있는지에 관해 바울이 제공한 몇 가지 중요한 단서들을 제시했다. 그뿐만 아니라, 우리는 기도로 성령의 도우심을 받는 것, 감사, 겸손, 소망, 사랑의 중요성에 주목했다.

| 읽 어 볼 글 들 |

- 고린도전서 2:1-16
- 잠언 1-2장
- 시편 119편
- 마가복음 4:1-20
- 마태복음 7:24-29
- 누가복음 24:13-35

| 생 각 해 볼 질 문 |

01 성경은 다른 책들과 비슷한가? 성경이 가진 독특한 점은 무엇인가?

_____

_____

02 신앙을 가지고 성경을 읽는 사람이 된다는 것의 의미를 생각해 보는 것은 성경을 통해 전달되는 하나님의 말씀을 더 잘 듣게 하는 데 어떤 식으로 도움을 주는가?

_____

_____

03 당신이 속한 교회에서 소그룹으로 모여 고린도전서를 읽는다면 어떤 유익이 있을까?

_____

_____

4장

다시 듣는 바울의 십자가의 도

"지적으로는 모욕적이고 도덕적으로는 격분을 일으킨다."[24] 십자가에 못 박힌 성자를 중심으로 하는 기독교 복음의 내용을 비판하는 자들은 이처럼 질색하면서 이의를 제기한다. 무방비 상태에 있는 사람들에게 행해지는 폭력에 대한 우리의 분노에 불을 지피는 "신적 아동 학대"(cosmic child abuse)라는 문구가 이러한 반응을 잘 요약한다.[25] 그리스도인들은 십자가를 중심으로 하는 기독교 신앙을 옹호하기 위한 노력에서 점점 발을 빼고 있는 자신의

---

24 John Stott, *The Contemporary Christian* (Leicester: Inter-Varsity, 1992, 『현대를 사는 그리스도인』, IVP), 62에서 영국의 철학자 에이어(A. J. Ayer)의 말을 인용함.
25 이 문장의 원전은 Rita Nakashima Brock, *Journeys by Heart: A Christology of Erotic Power* (Eugene, OR: Wipf & Stock, 1988), 56인 것으로 보인다.

모습을 발견할 수 있을 것이다. 어떤 신학자들은 십자가를 부차적인 사건으로 격하하기로 결정했다. 이러한 현상에 대해 신속한 답을 주고자 하는 유혹을 잠시 뒤로 하고, 다음과 같은 질문을 제기해 본다. 고린도전서는 과연 이 주제를 어떻게 다루고 있는가?

바울이 이해한 십자가의 하나님

하나님에 관한 바울의 이해의 중심에는 그가 다메섹 도상에서 산산이 부서지며 처음으로 만났던 예수 그리스도가 있다. 고린도전서 2장은 어떻게 이 내용이 고린도전서 전체에 걸쳐서 표현되는지를 대표적으로 보여 준다. 복음에 있어서 예수 그리스도의 중심성은 특별히 바울이 복음을 전하는 사역과 세례를 베푸는 사역을 대조하는 고린도전서 1:17-2:5에서 분명히 드러난다. 바울은 그리스도께 받은 임무를 다음과 같이 명확하게 선언한다. "오직 복음을 전하게 하려 하심이로되 말의 지혜로 하지 아니함은 그리스도의 십자가가 헛되지 않게 하려 함이라"(1:17; 23절의 "우리는 십자가에 못 박힌 그리스도를 전하니"를 보라). 또한, 십자가의 도에 응답하는 자들은 "부르심을 받은"(1:24) 자들이며, "택함을 받은"(1:26-31) 자들이다.

바울은 2:2에서 이 사실을 한층 더 강조한다. "내가 너희 중에서 예수 그리스도와 그가 십자가에 못 박히신 것 외에는 아무것도 알지 아니하기로 작정하였음이라." 이러한 사실은 바울이 십자가만 가르치고 다른 것은 일절 가르치지 않았음을 의미하는 것이 아니다. 그것은 십자가가 바울의 복음 선포에 있어서 토대였다는 것을 의미한다. 바울이 십자가에 달린 그리스도만 전하기로 작정하고 고린도로 들어갔을 때 그가 가지고 있었던 두려움은, 그의 십자가 메시지가 완전히 대항 문화적이고 따라서 사람들에게 적대적이고 모욕적인 방식으로 받아들여질 수 있음을 알고 있었다는 사실을 나타낸다. 또한 2:2의 내용은 그의 설교 방식과 관련이 있다. 바울은 "말과 지혜의 아름다운 것"(2:1)으로 복음을 전하려고 시도하지 않았다. 오히려 바울은 고린도에서 "약하고 두려워하고 심히 떨었"던(2:3) 가운데 그의 사역을 시작했다. 하지만 그것은 역설적으로 "성령의 나타나심"(2:4)이 되었다. 그렇다면 바울은 왜 그의 사역에서 이러한 측면을 강조하였는가?

십자가의 구원이 주는 유익에 대한 설명은 많지 않다(로마서, 갈라디아서, 에베소서, 골로새서와 달리). 하지만 몇 가지 참고할 내용은 있다.

1. 그리스도의 십자가는 "구원을 받은"(고전 1:18; 고전 1:21; 고후 2:15을 보라) 사람들의 삶에 있어서 능력이다(고전 1:17; 롬 1:16을 보라).

2. 십자가를 통해 "의로움과 거룩함과 구원함"(고전 1:30)이 주어진다.[26]
3. 그 외에 참고 내용으로는 고린도전서 5:7b("우리의 유월절 양 곧 그리스도께서 희생되셨느니라"), 고린도전서 6:19b-20a("너희는 너희 자신의 것이 아니라 값으로 산 것이 되었으니")가 있다.

바울은 고린도전서 1-4장 전체에 걸쳐서 십자가가 지혜와 어리석음을 신적 범주와 인간적 범주로 나누어 날카롭게 대립시킨다는 사실(사 29:14; 55:8-11)을 힘주어 강조한다. 지혜라는 인간적 범주(3:18-20)를 전복시키는 "어리석음"(1:18, 21, 23, 25)으로서의 십자가에 대해 반복해서 나오는 언급들이 있다. 여기서 십자가는 "유대인에게는 거리끼는 것이요 이방인에게는 미련한 것"이다(1:23). 그러나 이방인과 유대인이 말하는 지혜와 달리, 십자가에 반응하는 사람들의 삶에서 십자가가 하는 일이 있다. 그것은 십자가가 하나님의 지혜와 능력이 됨을 보여 주는 것이다(고전 1:17-2:4; 롬 1:26).

고린도전서 3-4장에서는 사람들에 대한 초점이 좁혀진다. 1:12의 베드로파와 그리스도파는 사라졌다. 오로지 바울과 아볼

---

[26] 헨리 프랜시스 라이트(Henry Frances Lyte)의 찬송가 "찬양하라, 내 영혼아, 하늘에 계신 우리 왕을"(Praise, My Soul, the King of Heaven, 1834)에 나오는 "대속받은, 치유된, 회복된, 용서받은"이라는 단어와 비교해 보라.

로만 3:1-9에서 보일 뿐이다. 고린도에서 바울은 그가 고대 형태의 "셀럽 문화"(celebrity culture: 사람들이 연예계와 스포츠계를 포함한 각 분야의 유명인 곧 셀러브리티에 열광하고 그들처럼 되려는 문화 ― 역자 주)에 직면하고 있음을 알았다. 앞서 이미 복음의 내용이 자신의 설교 능력보다 더 중요하다는 것을 강조했던 바울은 이제 고린도 교인들에게 다음과 같은 점을 깨닫도록 도전하기 위해 반어법 어투를 사용하여 다음과 같이 이야기한다.

- 고린도 교인들 사이에 일어난 분쟁은 이들의 만성적인 미성숙함을 보여 준다(3:1-4).
- 바울과 아볼로가 닦아 둔 기초 위에 그릇되게 건축한다면, 이를 건축한 자들은 그들의 잘못된 공적이 결국 아무런 쓸모가 없는 것으로 드러나는 부끄러움을 당하게 될 것이다(3:10-17).
- 고린도 교인들의 분쟁은 그들의 교만과 오만을 드러낸다(4:1-21).

지금까지 우리는 십자가에 대해 바울이 이해한 내용과, 바울이 자기가 선포한 복음이 어떻게 받아들여지기를 기대했는지에 초점을 맞추었다. 그러나 실제로 일어난 일을 보고 바울이 실망한 일을 염두에 둔다면, 고린도 교회에서 바울의 청중이 그의 메시지를 어떻게 해석하기로(아마도 변형시키기로) 했는지에 대해 우리는 무엇을 추측할 수 있을까?

고린도 교회 사람들이 이해한 십자가의 하나님

고린도전서 1장은 감사로 시작한다. 이러한 시작은 고린도 교회에 대한 인상적인 이미지를 남긴다. "이는 너희가 그 안에서 모든 일 곧 모든 언변과 모든 지식에 풍족하므로 … 너희가 모든 은사에 부족함이 없이 우리 주 예수 그리스도의 나타나심을 기다림이라"(1:5, 7). 이 내용이 고린도전서 1-4장의 내용과 어떻게 연결되는지를 이해하기란 쉽지 않다. 하지만 이 같은 칭찬은 뒤에 이어질 비판에 앞서 고린도 교회 사람들의 마음을 열려는 의도가 있다. 1:18-31에서 신적 범주에서의 지혜와 인간적 범주에서의 지혜를 대조하면서 계속 주장을 반복하는 것은 고린도 교회 사람들에게 십자가의 중심성을 납득시키기가 어렵다는 사실(23절에서 "이방인에게는 미련한 것")을 바울이 점점 깨닫고 있었음을 말해 준다. 이것은 두 가지 측면에서 문제를 제기한다.

십자가에 달린 구원자라는 문제

고린도 사람들이 십자가의 도를 받아들이기 어려웠다면, 그 이유가 무엇 때문인지 궁금해진다. 우리는 고린도전서 1장에서 그 당시 고린도 같은 도시에서 신분 상승에 대한 열망이 높은 사람들이 다른 사람들과의 관계에서 자신의 사회적 지위를 유지하는 데 얼마나 신경 썼는지를 배웠다. 만약 이런 고린도 사람들 중 한 명이 그리스도인이 되었을 때, 다른 사람들은 이를 어떻게 받아들였을까? 바클레이는 다음과 같이 말한다.

> 고린도 교인들이 자신의 사회적 지위를 유지하는 것은 다른 이들이 그들을 "불경건한 자" 혹은 "무신론자"로 낙인찍고 배척하지 않을 때에만 가능했다. 따라서 그들 중 일부는 자연스럽게 자신이 가진 신앙에서 잠재적으로 거리낌이 되는 요소들을 의도적으로 외면했을 것이다.[27]

여기서 십자가의 도가 거리낌이 되는 이유에 대한 세 가지 가능한 설명이 있다. 첫째, 십자가형이 암시하는 공포다. 즉, 십자가형은 공개적으로, 그리고 아주 천천히 극심한 고통을 주는 것으로서, 범죄자에게 내려진 끔찍한 운명이라는 공포다. 로마서 1:16에서 바울의 진술("내가 복음을 부끄러워하지 아니하노니")은 아마도 이방인의 세계에서 이를 두고 가졌던 그런 당혹스러움을 반영하는 것일 수 있다. 그러므로 고린도에 있는 그리스도인들의 친구와 동료

---

[27] John M. G. Barclay, "Thessalonica and Corinth: Social Contrasts in Pauline Christianity," *Journal for the Study of the New Testament* 47 (1992), 69.

들은 "이들이 이방 종교에서 기독교로 개종한 것을 놀랍고 두려운 마음으로"[28] 바라보았을 것이다.

> "심지어 멜 깁슨 감독의 영화 '패션 오브 크라이스트'를 본 사람들은 그 영화에서 전달하는 공포감을 불필요한 것으로 차단하거나, 아니면 신체적으로 묘사된 잔혹함에 압도된 나머지 십자가형이 단지 죽음만을 위해서일 뿐 아니라 모멸감을 주기 위해 고안된 것이라는 사실을 놓칠 수 있다. 십자가형은 고대 세계에서 당국자들이 저항 정신을 가진 사람들을 굴복시키고, 그 저항 정신 자체를 분쇄하기 위해 주도면밀하게 시행한 핵심적인 통치 방식 중 하나였다."
> ─ N. T. 라이트, 『혁명이 시작된 날: 십자가의 의미를 다시 생각하다』

둘째, 그 당시에 경제적 부요함과 사업 성장을 위해서는 후견인 체제에 의존해야 한다는 점을 감안한다면, 십자가에 대한 거부감은 십자가가 잠재적으로 가지고 있는 체제 전복성과도 관련이 있을 것이다.[29] 이런 관점에서 이해해 본다면, 십자가의 도는 향후에 있을 사회적 혹은 사업적 계약에 있어 장애물이 됨은 물론 생산적인 경제 관계들을 깨뜨리는 잠재적인 위협이 될 수도 있다. 때때로 바울의 언어는 로마 제국이 시민들에게 제공하는 안전, 복지,

---

28 Molly Whittaker, *Jews and Christians: Graeco-Roman Views*, Cambridge Commentaries on Writings of the Jewish and Christian World 6, ed. P. R. Ackroyd, A. R. C. Leaney, and J. W. Packer (Cambridge: Cambridge University Press, 1984), 133.

29 Justin J. Meggitt, *Paul, Poverty and Survival,* Studies of the New Testament and Its World (Edinburgh: T&T Clark, 1998).

부를 상기시키기 위한 공식적인 선전 활동들을 흉내 낸다. 아마도 바울은 의도적으로 로마 제국을 비판하고 있을 것이다.[30]

셋째, 십자가의 도는 예수를 십자가에 부당하게 못 박은 로마 당국에 대한 암묵적인 비판을 포함한 것으로 보일 수 있다. 고린도전서 2:6-16, 특히 8절에서 이러한 사실에 대한 단서를 찾아볼 수 있다. "이 지혜는 이 세대의 통치자들이 한 사람도 알지 못하였나니 만일 알았더라면 영광의 주를 십자가에 못 박지 아니하였으리라."

수사학 문제

어느 날, 나(론)는 아내가 현관문에 들어서는 순간 아내가 화가 나 있다는 것을 알았다. 아내는 여성들을 위한 교회 모임에 참석했었다. 아내를 제외하고 모든 참석자들은 강연자의 연설이 훌륭하다고 생각했다. 아내는 그 강연자가 베테랑 연기자였지만 정작 아무런 메시지도 없었다고 화를 냈다. 좋은 설교를 쫓아다니는 설교 감별사 같은 사람들이 있다. 이들은 다른 어딘가에서 더 좋은 설교자의 설교를 들을 수 있다는 사실을 알면, 교회를 괴롭게 한다. 이들은 고린도에 있었던 수사학의 열렬한 소비자들과 같

---

30 Ben Witherington III, *Conflict and Community in Corinth*, 297-98.

다.[31] 이런 식으로 바울의 설교를 듣고 싶은 유혹이 얼마나 컸겠는가! 바울은 자신의 수사학적 능력이 문제가 되었다는 것을 잘 알았다. 그래서 바울은 고린도전서 2:1-5에서 자신의 약함에 대해, 그리고 "설득력 있는 지혜의 말"로 하지 않음에 대해 언급했던 것이다. 이를 뒷받침하는 것은 고린도전서 1:17에서 언급한 "인간의 지혜로 한 말"("말의 지혜", 개역개정)이다. 고린도전서 1-4장 전체에 걸쳐 사용된 많은 분량의 바울 용어가 수사학적 훈련과 기량에 관한 문제를 언급한다는 것은 널리 받아들여지고 있는 사실이다.

언변의 부족함 때문에 바울은 이 시기로부터 약 12-18개월 후에 고린도후서를 기록할 무렵 비난을 받게 되었다. "그 말도 시원하지 않다 하니"(고후 10:10). 바울은 자신이 수사학에 능숙하지 못함을 인정했다(고후 11:6). 바울은 자신이 이미 알고 있는 수사학적인 결함들 때문에 그들 사이에서 입지가 견고하지 못하다는 사실을 받아들였다(고후 11:20-21). 이러한 내용들은 고린도전서와 고린도후서에 나오는 자랑함에 대한 수많은 언급의 배경이기도 하다. 당시 연설가들은 자신이 가진 매력을 선전해 주는 열광적인 추종자들을 각각 거느리고 있었다. 바울이 언급했던 "분

---

31 "모든 최신 유행과 트렌드를 열렬히 추구함 / 그 이유는 그가 유행의 열렬한 추종자이기 때문이다." "Dedicated Follower of Fashion," The Kinks, 1966.

쟁"(divisions/quarrels, 고전 1:10-11)은 이런 열광적인 경쟁자 집단들 사이에서 상습적으로 발생하는 논쟁과 연관된 그리스어인 에리스(eris)와 젤로스(zēlos)라는 용어를 번역한 것이다. 이와 똑같은 광경이 오늘날 TV 장기 경연 대회에서도 벌어진다. 심사위원들이 서로 의견이 일치하지 않아 논쟁을 벌이는 경우가 있는데, 여기에 스튜디오 방청객들도 참여해서 그들이 좋아하는 심사위원을 응원하고 다른 심사위원들이 말할 때는 크게 소리쳐서 그들의 말소리도 들리지 않게 한다. 사실 바로 이것이야말로 그 프로그램의 담당 프로듀서가 원하는 것이다!

고린도전서 1:12에서는 네 명이 "경쟁자"들로 언급되는데, 곧 바울, 아볼로, 베드로, 그리스도이다. 어리고 미성숙했던(3:1-4) 고린도 교회에서 처음 세 명(이들은 모두 3:22에서 다시 언급된다)에 대해 이들이 가진 상대적인 수사학적 장점과 관련된 말다툼 내지 분쟁이 일어나는 장면을 쉽게 떠올릴 수 있을 것이다. 우선 바울에 관해서, 우리는 바울 자신이 수사학과 관련하여 자신이 받는 비판을 알고 있었다는 내용을 이미 살펴보았다. 아볼로에 관해서는 사도행전 18:24에 묘사된 대로 그가 "언변이 좋고 성경에 능통한 자"라는 것을 알 수 있다. 이러한 설명은 아볼로의 학식보다는 그가 가진 수사학적 능력(그는 "열심으로 예수에 관한 것을 자세히 말하며", 행 18:25)을 의미할 것이며, 그는 아마도 이 분야에서 어느 정도 정규적인 훈련을 받았을 것임을 알 수 있다. 베드로에 관해서는 설명하기가 더 어렵다. 베드로가 사역을 위해 아내와 함께 다녔다는 것은 알 수 있지만(고전 9:5), 그가 고린도에 머물렀다는 직접적인 증거는 없다. 그러나 가능성 있는 한 가지 사실은, 적어도 베드로의 명성 때문에, 교회의 구성원 중 유대인 개종자들이 베드로에게 호감을 가지고 있었을 것이라는 점이다. 이보다 더 설명하기 어려운 부분은 바로 그리스도파에 대한 언급이다. 이것이 그들에 관한 유일한 언급임을 감안할 때, 하나의 특정한 설명만을 고집하지 않는 것이 현명할 것이다. 그리스도는 고린도전서 3:22-23에서 다시 한 번 언급되는데, 이번에는 바울, 아볼로, 게바와 대조되는 자리에 위치한다. 그러므로 우리는 고린도전서 1:12에서 그리스도에게 속한 자들에 대한 언급과 관련하여 한 가지 잠정적인 제안을 제시할 수 있다. 말하자면, 이러한 표현은 바울의 입장에서 역설적인 방식으로 고린도 교회 사람들의 분쟁이 유치한 것임을 알아차리도록 자극하기 위해 고안한 표현은 아니었을까 하는 점이다.

요약하자면, 고린도전서 1-4장의 여러 내용들은 고린도 교회 사람들이 바울이 전한 복음의 메시지를 귀 기울여 듣지 않았음을 반영한다. 이것은 부분적으로는 그리스도의 십자가를 중심으로 한 바울의 메시지를 마주할 때 찾아오는 당혹스러움 때문이었다. 십자가의 도는 십자가형의 공포를 익히 알고 있으면서 로마 당국이 그 십자가형에 해당하는 사람들이라고 여기는 이들이 누구인지 잘 알았던, 신분 상승을 열망하는 자유민 남성과 여성 같은 부류의 사람들의 지위를 위협했다. 많은 이들이 고린도에서 자신의 사회적 지위를 높이고, 또 그 과정에서 많은 돈을 벌고자 하는 야망을 가지고 있었다. 이와 동시에, 거기에는 수사학(그 당시 문화적 배경의 중요한 특징)에 대한 열광이 있었고, 고린도 교회의 구성원들은 바울, 아볼로, 베드로 이 세 사람을 하나로 묶는 복음에 주목하기보다 이들이 가진 수사학적 기량을 평가하고자 하는 유혹에 빠져들었던 것이다.

| 읽 어 볼 글 들 |

- 이사야 52:13-53:12
- 로마서 1:8-17
- 로마서 4-5장
- 빌립보서 2:1-11

| 생각해 볼 질문 |

01 교회 회중이 설교 내용에 충분히 주의를 기울이지 않고 설교자가 가진 매력이나 이를 과시하는 것으로 인해 마음이 흔들리기란 얼마나 쉬운 일인가? 이러한 일에는 어떤 위험성이 내재되어 있는가? 회중은 사역자가 그들의 설교 실력을 증진하도록 어떻게 도울 수 있을까? 만약 설교에 대한 비판이 필요하다면, 이것을 어떻게, 누구에게 제기해야 하는가?

---

02 이 장에서 다룬 문제를 "셀럽 문화"라는 주제에 좀 더 일반적인 방식으로 적용할 수 있을까? 셀럽 문화는 무엇 때문에 시작되는 것이고, 이를 유지시켜 주는 것은 무엇인가? 우리는 정치인들의 정책을 제대로 이해하지 않으면서 이들이 과시하는 매력(performance)에 너무 많이 휘둘리고 있지 않는가? 우리는 누가 우리 생각에 영향을 주도록 허용하고 있는가? 전문가들인가, 아니면 셀럽인가?

---

03 오늘날 수많은 사람들이 십자가의 메시지를 비판한다. 이들은 십자가 중심의 기독교가 무고한 아들을 벌하는 진노의 하나님을 그 내용으로 한다는 점에서 본질적으로 야만적이라고 비난한다. 그렇다면 당신은 이러한 주장을 제기하는 사람들에게 어떻게 대답하겠는가? 복음은 세상과 멀리 떨어져 분리된 하나님을 말하는가, 아니면 인간의 고통스러운 삶 안으로 들어오기를 선택하신 하나님을 말하는가?

_____

_____

_____

_____

5장

바울에게 성 문제는 왜 그토록 중요했으며, 우리는 왜 여기에 관심을 가져야 하는가?

우리는 건강과 외모에 투자를 많이 한다. 무엇보다도, 우리 몸은 이 세상 한가운데서, 그리고 이 세상을 향해서 우리가 누구인지를 드러낸다. 우리는 몸의 자태, 청결함, 입는 옷, 헤어스타일, 보석 취향, 타투, 바디 피어싱 등에 대해서 고민한다. 물론 우리의 외모는 중요하다. 하지만 더 중요한 것은 우리 몸으로 무엇을 하는가이다. 여기에는 성(性)이 포함되어 있다. 신약성서를 대충만 읽어 봐도 우리는 초대교회의 첫 시작부터 성 윤리가 중요함을 의식하게 된다.[32] 바울에게 있어, 우리의 성적 행위는 기독교 제자도를

---

32 성적 부도덕에 대한 금지는 신약성서 전체에 나타나는 일관적인 주제이다. 예를 들어, 다음을 참고하라. 마 15:19; 막 7:21; 행 15:20, 21, 29; 롬 13:13; 고전 5:1; 6:13, 18; 7:2; 10:8; 갈 5:19; 엡 5:3; 골 3:5; 살전 4:3; 유 1:7; 계 2:14, 20; 9:21.

완성하는 필수적인 부분이다. 오늘날의 문화적 맥락에서, 성적 행위는 교회가 세상과 다른 모습을 보여 주도록 부름받은 영역이다.

성은 정말 중요한 문제다

성은 인간의 번식을 위한 것일 뿐 아니라 인간의 친밀함을 표현하는 독특하고 소중한 방식이다.[33] 성은 인간 행동에 있어 가장 선한 행동과 가장 추악한 행동 모두를 부추긴다. 가장 추악한 모습은 매일 신문에 실리는 내용이다. 강간은 전쟁 무기로 사용된다. 인신매매, 가정과 기관에서 일어나는 성적 학대, 포르노그래피 산업은 인류의 도덕적 혼란과, 인간 몸이 지닌 존엄함과 신성함을 존중하지 못한 실패를 보여 주는 극명한 예다. 성은 멋진 선물이지만 마음에 큰 고통을 가져오기도 한다. 성적인 만남에 있어서 우리 중 많은 이들은 실패와 아픔의 기억을 지니고 있다. 우리는 스스로 잘못된 선택을 했거나, 아니면 더욱 안타깝게도 다른 이의 잘못된 선택에 의해 피해를 입기도 한다.

성은 고린도 교회에서도 정말 중요한 문제였다

우리 시대 문화는 고린도 교회가 처해 있었던 문화와 크게 다르

---

33 아가서는 신부와 신랑 사이의 에로틱한 사랑을 기리는 아름다운 시다.

지 않다. 고든 피에 의하면, 신약성서에 나오는 다양한 악덕 목록에 성적 부도덕이 매우 현저하게 나타나는 이유는 그리스도인들이 성에 집착했기 때문이 아니다. 정확히 말하자면, 성적 부도덕은 "그 당시 문화에 널리 퍼져 있었고, 초대교회는 이방인 개종자들이 전에는 부도덕한 것으로 간주하지 않았던 이전의 삶의 방식을 버리는 것이 얼마나 어려운 일인지를 잘 알았기 때문이다."[34]

고린도전서에서 언급된 다른 문제들처럼, 성에 관해서도 우리는 바울의 가르침을 들을 수밖에 없다. 왜냐하면 고린도 교회가 이 문제에 있어서 잘못을 저지르고 있었기 때문이다. 고린도전서 5장을 펼 때, 우리는 바울의 진술에서 격앙된 목소리를 들을 수 있다: "너희 중에 심지어 음행이 있다 함을 들으니"(5:1).[35] 같은 장에서, 바울은 의도적이고 지속적인 성적 부도덕은 구원을 위태롭게 만든다고 주장한다(5:5; 6:10). 더 나아가서, 바울은 고린도 교회에게 "음행을 피하라"(6:18)라고 간곡히 권면한다. 여기서 우리는, 바울의 설명에 의하면, 복음은 그리스도의 죽음과 부활에의 참여자로서 우리가 가진 운명이라는 관점에서 몸을 이해하도록

---

34 Gordon D. Fee, *First Epistle to the Corinthians*, 200.
35 "성적 부도덕(음행)"이라는 용어는 그리스어 porneia(포르네이아)에서 나온 말이다. 바울은 결혼 밖에서 일어나는 모든 성적 결합을 설명하기 위해 porneia라는 용어를 사용했던 것으로 보인다. Christopher Ash, *Marriage: Sex in the Service of God* (Leicester: Inter-Varsity, 2003), 214-15.

우리를 안내하는 것임을 알 수 있을 것이다. 그렇다면, 왜 바울은 우리가 몸으로 하는 일이 하나님 앞에서 그토록 중요한 것이라 생각했을까?

몸에 관한 바울의 신학

바울이 왜 성적 부도덕을 반대했는지를 이해하기 위해서, 우리는 먼저 성경 전체 이야기에서 우리 몸에 부여된 중요성을 이해할 필요가 있다. 성서는 인간을 몸과 영혼이 나뉠 수 없는 통일체로 이해한다. 가톨릭 사제이자 신학자인 라니에로 칸탈라메사(Raniero Cantalamessa)가 말한 것처럼, "인간은 몸을 가지고 있는 것이 아니다. 인간이 곧 몸이다."[36]

영혼은 마음과 정신이라는 측면으로 자주 묘사된다. 마음과 정신의 문제가 분명히 성(sexuality)과 관련이 있지만, 우리가 살펴보듯이 성적 부도덕에 대한 바울의 목회적 지도를 불러일으킨 것은 고린도 교회 사람들이 육체적 몸에 대해 충분할 만큼의 가치를 부여하는 데 실패했기 때문이다. 따라서 바울은 다양한 관계 시나리오를 다룬다. 근친상간(5:1-8), 매춘부와의 성관계(6:15-16), 간음, 남성 매춘부, 남성들 간의 성관계(6:9-10), 그리고 결혼의 위상과

---

36 Raniero Cantalamessa, *Come, Creator Spirit: Meditations on the "Veni Creator"* (Collegeville, MN: Liturgical Press, 2003), 271.

독신의 부르심(7장)이 그러하다.

바울이 문제 삼은 것은 "예수가 주님이시다"라는 고린도 교회 사람들의 고백으로 비추어 볼 때, 그런 고백과는 정반대로 이들이 (바울이 생각한 것처럼) 교회의 몸을 오용하고 있다는 사실이었다. "몸은 음란을 위하여 있지 않고 오직 주를 위하여 있으며 주는 몸을 위하여 계시느니라"(6:13b).[37] 이 구절을 "너는 …하지 말라"라는 고전적인 방식으로 독해하고 싶은 유혹이 들 것이다. 그러나 좀 더 면밀하게 읽으면, 이 구절은 "주는 몸을 위하여 계시느니라"라는 복음의 메시지에 초점이 맞추어진다. 칸탈라메사가 지적하듯, "성령은 몸의 친구이기도 하다!"[38] 우리가 몸에 대해, 그리고 몸이 지니는 가치에 대해 낮추어 보는 것과 달리, 우리가 앞으로 보게 되듯이 하나님이 우리에게 부여한 가치는 우리 몸의 가치 그 이상을 넘어가지 않는다.

나쁜 신학은 당신의 (육체적) 건강에 좋지 않다

고린도 교회 안에 성적 부도덕이 있었던 이유가 하나일 수는 없겠지만, 잘못된 영성은 분명히 그 이유의 일부였다. "음식은 배를

---

37 바울은 또한 고린도 교회 사람들에게 교회 내에서 "음행하는 자들을 사귀지 말라"라고 경고했을 것이다(고전 5:9).
38 Cantalamessa, *Come, Creator Spirit*, 239.

위하여 있고 배는 음식을 위하여 있으나"(6:13). 아마도 바울은 고린도 교회 안에서 현재 자신들이 행하는 부도덕한 성적 행위를 정당화하기 위해 이 구호를 사용하는 사람들을 향해 이런 의미로 되풀이했을 것이다. "섹스는 몸을 위하여 있고 몸은 섹스를 위하여 있으나." 이 말이 무심코 드러내는 내용은, 물질(육체)와 비물질(영혼)을 날카롭게 구분하는 그리스 사상의 영향을 강하게 받은 영성에 대한 접근 방식이다.

몸과 영혼, 물질적인 것과 영적인 것 사이를 구분하는 이러한 신념 체계는 오늘날 우리 대다수가 생각하는 방식에도 지속적으로 영향을 미치고 있다. 현대 서구 문화의 또 다른 흐름들은 현재 우리가 가진 도덕적 상황을 더욱 복잡하게 만들 뿐이다. 예를 들면, 공적인 영역과 사적인 영역의 측면을 나누어 생각하도록 하여 행동 방식에 있어서도 공적인 것과 사적인 것이 있다고 생각하도록 만드는 경향이 점점 늘고 있다. 예를 들어, "법을 위반하거나 다른 이들에게 해를 끼치지 않는다면, 뭐든지 괜찮다."라고 생각하는 것이 그렇다. 동등한 권리를 강조하는 문화는, 내가 **나의 권리**를 행사하는 것이기에 내가 나 자신의 몸으로 하길 원하는 것은 무엇이든 할 수 있다는 생각을 강화한다. 하지만 이러한 생각은 우리가 신약성서와 고린도전서 이 부분에서 발견한, 친밀함과 성에 접근하는 방식과는 매우 다르다.

> "우리는 보이지 않는 하나님의 현존 없이 성에 대해 진지하게 생각할 수 없다. 우리의 역사가 어떠했든지 간에, 우리는 '천상의 관점'에서 우리의 행동이 정당하고, 도덕적이며, 옹호할 수 있는 것이었다고 생각할 수 있길 원한다. 우리가 섹스를 원하는 것은 당연하다. 왜냐하면 그것은 중요한 것이기 때문이다. 섹스는 기독교 윤리는 물론이고 윤리학의 독자적인 주제로서 이해될 수 없다. 섹스는 남성, 여성, 그리고 하나님의 위대한 이야기의 일부로서만 이해될 수 있다."
> — 크리스토퍼 애쉬, *Marriage: Sex in the Service of God*(결혼: 하나님께 드리는 예배, 그리고 성)

성적 부도덕은 우리의 육체적 행동을 통해서 눈에 보일 수 있지만, 산상수훈에서 예수님이 군중에게 설교하신 것처럼(마 5:28), 성적 부도덕은 우리 마음과 정신의 옳지 못한 욕구와 분리될 수 없다. 나는 최근에 이런 내용에 대한 좋은 예를 발견했다. 『이코노미스트』가 "적색 경고의 순간"(Red light moment)이라는 제목을 붙인 기사로, 코로나19 감염병 초기에 온라인으로 포르노그래피에 접속하는 사람들의 숫자가 증가했다는 사실을 소개해 눈길을 끈 내용이었다.[39]

---

39 "Pornography Is Booming During the COVID-19 Lock-downs," *The Economist*, May 10, 2020, https://www.economist.com/international/2020/05/10/pornographyis-booming-during-the-covid-19-lockdowns. 간단한 구글 검색만으로도 우리 사회에서 포르노그래피의 규모가 어느 정도인지 알 수 있으며, 그와 관련된 모든 사람에게 어떤 피해를 주는지 알 수 있다.

우리 몸은 우리 것이 아니다

바울은 믿는 자의 몸(마음과 정신도 포함해서)이 더 이상 그들의 것이 아니라 그리스도에게 속한 것이라고 설명한다. "… 몸은 음란을 위하여 있지 않고 오직 주를 위하여 있으며 주는 몸을 위하여 계시느니라 하나님이 주를 다시 살리셨고 또한 그의 권능으로 우리를 다시 살리시리라 **너희 몸이 그리스도의 지체인 줄을 알지 못하느냐**…"(6:13-15, 강조 추가).

우리가 죽을 때 어떤 방식으로든 우리 영혼이 몸에서 분리되어 하늘에 떠다니는 것이 아니라, 우리 몸(육체와 영혼)은 부활과 새로운 신령한 몸(15:44)을 기다린다. 우리는 이 책의 8장에서 부활에 관해 더 구체적으로 다룰 것이다. 하지만 여기서는 우리 몸의 운명을(비록 영원에 맞게 변형되어 적합하게 되었음에도 불구하고) 예수의 생명과 죽음과 부활과 연결시키는 것만으로도 충분하다. 사실, 바울은 고린도 교회에게 완전한 범주의 구원을 상기시키고 있다. 만약 우리가 예수의 부활에 동참하기 원한다면, 부활과 성령 안에서의 생명과 일치하지 않는 그 모든 행위와 존재 방식은 죽어야 한다.

그러므로 현재 우리 몸과 미래에 부활할 몸 사이에는 불연속성이 있는 반면에 연속성도 있기 때문에, 우리는 현재 우리 몸에 대해서 올바른 선택을 해야 옳다. 이 선택은 여전히 당신과 나의 몫이다. 선택은 때로는 어려울 것이고, 우리는 종종 잘못된 길로 갈 수 있다. 바로 이것이 바울이 기독교 공동체와 그리스도처럼 보살피는 목회적 돌봄과 성도들을 최상으로 확실히 지원하기 위해 함께 역사하시는 성령 임재의 중요성을 강조하는 이유이다.

우리 몸은 성령이 거하시는 성전이다

앞으로 우리 부활의 몸을 살아 움직이게 할 그 동일한 성령이 오순절 성령 강림 이래로 모든 믿는 자들의 몸 안에서, 그리고 교회라는 몸 안에서 이미 존재하고 있으며 활동하고 있다. 바울의 경우, 이러한 사실은 아나니아가 그에게 안수하여 기도해 주었을 때 실현되었던 일이다(행 9:17). 그리고 여기서 성적 부도덕에 대해 가르침을 주면서 바울은 고린도 교회 사람들에게 묻는다. "너희 몸은 너희가 하나님께로부터 받은 바 너희 가운데 계신 성령의 전인 줄을 알지 못하느냐"(6:19). 바울은 고린도 교회에 엄숙한 어조로, 그리고 매우 비범한 통찰력을 가지고 설명한다. 그것은 우리의 행동에 의해서 우리 몸을(우리 자신을) 성령(하나님의 현존)이 거하실 수 없는 곳으로 만들 수 있다는 것이다. 칸탈라메사는 이렇게 기록했다.

사도 바울은 성결함에 대해 이야기할 때마다 성령과 관련시켜서 말했다. 예를 들어, 바울은 만약 누군가 음행(성적 부도덕)에 빠져 있다면 그는 자기 몸에 대해서 죄를 짓고 있는 것이며, 따라서 이는 성령에 대해서 죄를 짓는 것이기도 하다고 말한다. 왜냐하면 몸은 성령이 거하는 성전이기 때문이다.[40]

칸탈라메사의 결론은 이렇다. "우리가 성결하게 살아가기 위해서는 아주, 아주 진지하게 싸움에 임해야 한다."[41] 이런 경고의 말과 함께, 고든 피의 다음과 같은 격려의 말 역시 새겨둠이 중요하다. "[믿는 자들의] 육체적 실존 안에 현존하는 성령은 육체에 대한 하나님의 긍정이다."[42]

우리 몸으로 하는 일은 중요하다

요약하자면, 바울의 몸 신학에는 네 가지 뚜렷한 특징이 있다. 첫째, 바울은 우리 몸이 값으로 주고 산 바 되었음을 고린도 교회에 상기시킨다. 이를 뒷받침하기 위해 분명하게 언급되는 내용은 바로 십자가다. 우리가 속죄를 어떻게 이해하든, 우리 몸은 하나님께 무한한 가치를 지닌 것임이 틀림없다. 하나님은 우리가 다시

---

[40] Cantalamessa, *Come, Creator Spirit*, 251.
[41] Cantalamessa, *Come, Creator Spirit*, 251.
[42] Gordon D. Fee, *God's Empowering Presence: The Holy Spirit in the Letters of Paul* (Peabody, MA: Hendrickson, 1994, 『성령: 하나님의 능력 주시는 임재』, 새물결플러스), 136.

그분의 품으로 돌아오도록 그분 아들의 생명을 아끼지 않으셨다. 둘째, 값을 치름이라는 은유는 우리가 쉽게 잊어버리는 진리를 우리에게 일깨워 준다. 그것은 우리 몸은 이제 하나님의 것("주는 몸을 위하여 계시느니라")이라는 사실이다. 셋째, 성령이 지금 교회 공동체 안에, 그리고 교회의 모든 구성원의 중심에 거하신다. 넷째, 우리는 주의 것이기 때문에, 결국 우리는 그리스도의 부활에 동참할 것이다.

바울의 몸 신학이 가진 이 네 가지 특징은 그 자체로 성경의 위대한 결론으로 종합된다. 그것은 창조, 그리고 새로운 창조다. 우리가 살펴본 바처럼, 이와 같은 몸에 관한 이해는 윤리적 함의를 담고 있다. 우리는 세상과 다른 모습으로 살아가야 한다는 것이다. 고든 피는 다음과 같이 설명한다.

윤리가 현재 문화적 실존에 적응하기 위해 그토록 자주 바뀌는 시대에 … 이 말은 다시 한 번 교회 안에서 명확하게 울려 퍼져야 한다. 그리스도께서 우리를 위해 죽으신 것은 단지 우리에게 천국으로 가는 길을 열어 주기 위한 것이 아니라 우리를 그분의 형상으로 재-창조하기 위해서다. 그리하여 그 행동이 "세련되고 우아하기는" 하지만 복음의 성결함과 진리를 상실한 이 세상에서 우리가 살아가는 방식으로 개인적으로나 공동체적으로 하나님의 성품을

드러내려 함이다.[43]

그러므로 바울에게 있어서, 구원과 구원 이후 우리 몸의 행위 사이에는 유기적인 관계가 있다고 말할 수 있다. 우리가 몸으로 하는 것은 진정 중요한 문제다. 만약 우리가 이러한 십자가의 지혜를 받아들이고 그 기초 위에서 행동하기를 시작할 수 있다면, 우리는 제자도를 위해 치러야 할 대가가 무엇인지를 분명히 배우게 되겠지만, 그것이 가져다주는 유익에 대해서도 분명히 알게 될 것이다. 좁은 길을 가는 것은 쉽지 않을 것이다. 그러나 그 좁은 길은 성도의 삶과 교회 공동체의 삶 속에 주어지는 변화에 대한 약속을 담고 있다.

---

43 Fee, *First Epistle to the Corinthians*, 219.

| 읽어 볼 글들 |

- 고린도전서 5-7장
- 로마서 12:1-21
- 에베소서 5:1-19
- 아가서

| 생각해 볼 질문 |

01 많은 사람에게, 성도덕이라는 주제는 다른 사람들과 함께 이야기하기에 매우 어려울 수 있다. 교회는 이 문제와 관련하여 사람들을 목회적으로 돌보는 일에서 어떤 식으로 실수해 왔는가?

02 거룩함을 어떻게 이해하고 있는가? 당신은 그리스도인의 삶에 거룩함이 중요하다고 생각하는가?

03 당신은 바울의 몸 신학이 성 윤리에 접근하는 좋은 방법이 될 수 있다고 생각하는가? 성도덕과 관련해서 그 좁은 길을 우리가 걸어갈 때, 우리를 돕기 위해 하나님이 우리에게 주신 자원은 무엇인가?

6장

자기 이익 추구 경제의 도전

몇 해 전에 교회 신문에 "교회 구성원 중 많은 사람들이 집을 여러 채 살 수 있는 여유가 있는데, 왜 교회는 돈 때문에 어려움을 겪는가?"라는 글을 쓸 때, 나는 좌절감을 느끼고 있었다.

한때 내가 성경 공부 모임을 인도하던 교회에서 서로간의 사랑과 헌신과 책임을 강조하는 그리스도인의 교제에 대한 강좌를 진행한 적이 있다. 그런데 우리의 재정 문제를 다루는 과정에 들어갔을 때, 우리가 돈을 어떻게 쓰는지에 대해 서로 설명하면서, 우리는 장벽에 부딪혔다. 고인이 된 데이비드 왓슨이 요크에 있는 그의 교회에서 있었던 은사주의 운동(charistmatic movement)의 영향에 대해 이야기한 적이 있다. 그런데 우리가 경험했던 그 장벽이 거기에도 있었다. 바울이 고린도전서 8-10장에서 우상에게 바쳐진 고기에 관한 문제를 다룰 때도, 문제는 크게 다르지 않다. 그 문제의 핵심은 그리스도인의 교제와 상호 책임의 역학 관계는 경제적 열망과 충돌할 수 있다는 것이다. 1989년, 내가 섬기고 있던 교회의 목회자의 아내가 나에게 전화를 걸어서 내가 대학 교수직을 그만둔 것에 대해 질문했다. 아마 그분은 내가 더 나은 급여를 받는 자리로 갈 거라고 생각했던 것 같다. 사실, 나는 선교 단체에서 급여가 더 적은 사역을 담당하기 위해 교수직을 그만둔 것이었다.

고린도전서 8장을 펴면("우상의 제물에 대하여는…") 이제 바울은 고린도 교회가 질문했던 또 다른 문제를 다룬다. 이 문제는 단순히 종교적인 문제로 이해하기 쉬운데, 왜냐하면 우상숭배를 금한 것은 십계명(출 20:4; 신 5:8)으로까지 거슬러 올라가는 문제이기 때문이다. 그다음에 이어지는 바울의 말은 이러하다. "우리가 다 지식이 있는 줄을 아나"(8:1b). 여기서 또다시 우리는 이 문제를 단순히 종교적 측면에서 이해하려 한다. 왜냐하면 "지식"(그리스어: gnōsis[그노시스])은 성령의 은사 중 하나이기 때문이다(고전 12:8). 그러나 이 말은 우상에게 바쳐진 고기를 먹는 행위를 옹호하기 위해 고린도 교회에서 나온 어떤 말과 유사하게 들린다. 그 말은 이렇다. "우상은 실제로 존재하는 것이 아니며 오직 하나님 한 분만이 계시다고 우리는 알고 있다. 따라서 다른 사람들이 '우상' 혹은 다른 신들이라 생각하는 것에 바쳐진 고기를 먹는 것은 전혀 잘못이 아니다." 만약 이 문제가 단순히 이론적인 신학 문제였다면, 바울은 이들의 말에 흔쾌히 동의했을 것이다. 바울은 유대교의 쉐마를 재구성하면서 이들과의 공통점을 발견한다. "그러나 우리에게는 한 하나님 곧 아버지가 계시니 만물이 그에게서 났고 우리도 그를 위하여 있고 또한 한 주 예수 그리스도께서 계시니 만물이 그로 말미암고 우리도 그로 말미암아 있느니라"(고전 8:6).

이 말은 실질적으로 그들이 오직 하나님 한 분밖에 없음을 선언하는 것만으로는 충분하지 않다는 것을 뜻한다. 그것은 하나님이 어떤 분이신지 이해하는 문제이기도 하다. 그런데 그전에 이 질문이 제기된다. 고린도 교회 사람들은 왜 이 문제를 거론했던 것일까? 답은 고린도의 경제적인 생활 곧 이 책 1장에서 우리가 다룬 주제에 있다. 특히 여기서는 이교도 신전이 지닌 전략적 중요성이 부각된다. 이교도의 희생 제사에 바쳐진 고기는 그 제사가 열린 신전에서 저녁 식사로 먹었다. 제사에 참여하는 것은 고린도에서 공적인 일을 맡은 사람들에게 요구되는 일이었다. 그래서 사회적 신분 상승의 사다리를 타고 오르고자 하는 사람들은 이 제사에 초대받기를 간절히 원했다. 이런 일들은 사회적 관계를 유지하는 일뿐 아니라 경제적 활동 기회를 만들어 내는 데 필수적인 일이었다. 여기서 고린도의 그리스도인들은 딜레마에 처한다. 우리는 그들이 신전에서의 식사에 참여하기를 거부할 때 찾아오는 경제적 대가 지불에 직면하기를 꺼려할 것을 쉽게 추측할 수 있다. 이러한 예는 이전에 내가 훈련에 도움을 주었던 젊은 목회자의 경우와 대조된다. 그 목회자는 안수 받기 이전에 컴퓨터 분야의 전문가였는데, 그 당시에는 지금 받는 것보다 더 많은 급여를 요구할 수 있었을 것이다. 내가 추산하기로는, 그가 계속 컴퓨터 전문가로 일했다면 아마도 평생 동안 이백만 달러는 더 벌었을 것이다. 아무튼 바울이 고린도 교회 사람들의 의견에 무조건 동의하는 것은 아니다. 바울은 이제 몇 가지 중요한 방식으로 이를 검토한다. 우선 바울은 다음 네 가지 쟁점에 고린도 교회 사람들의 관심을 집중시키는데, 곧 이들의 행동이 "믿음이 좀 더 약한" 그리스도인들에게 미치는 영향, 바울 자신의 삶의 방식, 시험이라는 현실, 그리고 그리스도인의 교제가 갖는 역학 관계이다. 바울은 고린도전서 10장 끝까지 이어지는 지침으로 이러한 내용을 어느 정도 제시한다.

> 로널드 사이더의 책, *Rich Christians in an Age of Hunger*(가난한 시대를 사는 부유한 그리스도인)은 1978년에 출간되었다. 이 책 출간 이후로 세계의 기아 인구는 급격히 감소했음에도 불구하고, 여전히 날마다 어린이 34,000명이 굶주림과 예방 가능한 질병으로 죽어 가고 있다. 그리고 전 세계적으로 13억 명이 비참한 수준의 가난에 처해 있다. 진보주의자들은 과감하지 못한 사회적 · 경제적 정책을 비난하는 반면에, 보수주의자들은 그 책임을 도덕적으로 비난받을 만한 개인의 선택으로 돌린다.

연약한 형제들을 기억하라(고전 8장)

고린도전서 8:1-6의 신학적 내용 이후, 7절은 매우 갑작스럽게 바울의 첫 번째 주장을 전개한다. "그러나 이 지식은 모든 사람에게 있는 것은 아니므로." 우상에게 바쳐진 고기와 같은 문제에 대해 양심이 "약한" 사람들이 있는데, 이들을 무시해서는 안 된다는 것이다. 이교도의 제의 축제에 참여하는 본인의 자유가 다른 이들이 걸려 넘어지게 하는 걸림돌이 되어서는 결코 안 된다(9절). "강한" 자의 행동은 "약한" 자들의 양심보다 우위에 있어서는 안 된다. 왜냐하면 그리스도께서 바로 그 약한 자들을 위해 죽으셨기 때문이다(11절). 그렇지 않으면 "네 지식으로 그 믿음이 약한 자가 멸망하나니"(11절), 이는 그 형제를 실족시키는 일이다(13절). 이러한 원칙은 교회가 이방인 신자들을 받아들이는 문제를 다루는 예루살렘 협의회가 공식적인 결정을 내리는 데도 통찰을 주었다(행 15장). 어떤 사람들은 할례와 모세 율법을 철저히 준수할 것을 주장했지만, 바울과 바나바의 간증을 들은 후에 이들이 안디옥에 보낸 편지에는 다음과 같은 제한적인 조항을 포함시켰다.

성령과 우리는 꼭 필요한 다음 몇 가지밖에는 더 이상 아무 무거운 짐도 여러분에게 지우지 않기로 하였습니다. 여러분은 우상에게 바친 제물과 피와 목매어 죽인 것과 음행을 멀리하여야 합니다. 여러분이 이런 것을 삼가면, 여러분은 잘 행한다고 하겠습니다. 안녕히 계십시오.(행 15:28-29, 새번역)

이 조항은 우상에게 바쳐진 고기를 먹는 일을 무조건 금지하는 것으로 보인다. 유대 그리스도인들과 이방 그리스도인 사이의 관계가 발전하고 있는 중요한 단계에서, 유대인들의 양심이 고려되어야 했던 것이다. 따라서 이 결정은 초대 교회를 위해 적절하게 만들어진 **일시적인** 요구 사항이었을 가능성이 높다.[44] 우상 제물과 관련한 이 문제는 계속해서 제기되었다. 예를 들면, 버가모 교회에 주신 그리스도의 말씀은 어떻게 몇몇 그리스도인들이 우상에게 바쳐진 고기를 계속해서 먹고 있었는지를 보여 준다("발람의 교훈", 계 2:14). 유사한 말씀이 두아디라 교회에도 전달된다(계 2:20). 분명한 것은 다른 이들의 양심을 고려하는 일과 경제적 자기 이익의 충돌이라는 문제가 여전히 남아 있었다는 사실이다.

바울의 삶의 방식(고전 9장)

고린도전서 9장에서는 일련의 수사학적 질문으로 그 두 번째

---

44 J. A. Alexander, *A Commentary on the Acts of the Apostles* (1857; repr., London: Banner of Truth Trust, 1963), 84: "여기서 권고하는 금지 사항들은 … 기독교의 필수적인 의무가 아니라, 다른 사람들의 양심에 양보하는 것으로 이해되어야 한다. 즉, 여전히 그러한 음식들을 하나님 보시기에 불법적이고 가증한 것으로 여기는 유대인 개종자들의 양심에 양보하는 것이다."

주장을 펼친다(1-8절). 이 중에서 어떤 것은 직접적인 자서전적 성격을 띠고("내가 자유인이 아니냐 사도가 아니냐 예수 우리 주를 보지 못하였느냐", 1절), 또 어떤 것은 은유를 사용한다("누가 자기 비용으로 군 복무를 하겠느냐 누가 포도를 심고 그 열매를 먹지 않겠느냐 누가 양 떼를 기르고 그 양 떼의 젖을 먹지 않겠느냐", 7절). 이 모든 내용은 고린도 교회 사람들과 함께 살면서 보여 주었던 바울의 삶의 방식을 가리킨다. 사도행전 18:11은 바울이 고린도에 있었던 기간이 적어도 18개월 정도는 된다고 이야기한다. 고린도에 복음을 처음 전한 사람으로서 바울은 고린도 교회 사람들의 재정적 지원을 받을 자격이 있다고 생각했을 것이다("우리가 너희에게 신령한 것을 뿌렸은즉 너희의 육적인[물질적인] 것을 거두기로 과하다 하겠느냐?", 11절). 그러나 바울은 의도적으로 이러한 지원에 대한 권리를 주장하지 않기로 결정한다. 이는 바울이 복음 전파에 장애가 되지 않는 삶의 방식이 필요함을 인식하고 있었기 때문이다(19-23절). 이와 동일한 방식으로 바울은 우상에게 바쳐진 고기를 먹는 몇몇 고린도 교회 사람들의 자유가 그처럼 신앙적으로 민감한 문제에 있어서 다른 이들의 양심을 무시할 수 없음을 알려 주고자 했던 것이다.

시험을 경계하라(고전 10:1-14)

세 번째 주장은 죄짓게 하는 시험(temptation)과 관련이 있다. 바울은 구약성서 이야기 중 이집트의 노예 생활에서 해방된 이스라엘 백성이 이후 그들의 불순종으로 인해 광야에서 멸절한 사건을 끄집어낸다. 만나와 생수 같은 하나님의 기적적인 공급하심에도 불구하고(10:3-4; 또한 출 16:4-30; 17:1-7; 민 20:2-13을 보라), 이들은 여전히 부도덕과 우상숭배와 불평에 빠져 있었다(10:7-9). 그 결과로 그들은 하나님의 심판을 받아 멸망당한다(10:5, 9). 바울이 이 특별한 예를 선택한 이유는, 그 사건의 중심에 고기에 대한 갈망이 있기 때문이다(민 11:4, 13). 이 예를 이교 신전 식사에 나온 고기와 나란히 놓고 이야기한 것은 고린도 교회 사람들에게 불편했을 것이다. 우리는 이들이 바울에게 볼멘 목소리로 불평하는 말을 들을 수 있다. "이 만찬은 우리가 얻을 경제적 윤택함과 사회적 지위 확보에 얼마나 중요한지 몰라요. 여기에 참여하지 말라니, 당신이 원망스럽습니다!" 그런데 광야 이스라엘 백성의 경우, 불평했던 그들은 죄를 짓고 그 결과 심판을 받았다. 바울은 고린도 교회 사람들이 이와 비슷한 운명에 처하길 원치 않았던 것이다.

그리스도인 교제의 역학 관계(고전 10:15-22)

네 번째 주장은 그리스도인들의 교제가 갖는 역학과 관련되어 있다. 이것은 바울의 편지들 중 주의 만찬에 대한 몇 안 되는 언급들 중 하나다(또한 고전 11:17-34을 보라). 하지만 이 주장은 신학에 관한 것이라기보다 예배자로서 그들 스스로에 대한, 그리고 이들의 "참여"(많은 번역본은 "교제", 곧 그리스어로 koinōnia[코이노이아]라는 용어를 사용한다)에 관한 내용이다. 바울은 자신의 주장을 펼치면서 주의 만찬 참여와 이교 제의 만찬 참여를 대조한다. 바울은 고린도 교회 사람들과 공감대를 이루기 위해 다음 일곱 가지 수사학적 질문을 제기한다.

1. "우리가 축복하는바 축복의 잔은 그리스도의 피에 참여함이 아니냐?"(16절)
2. "우리가 떼는 떡은 그리스도의 몸에 참여함이 아니냐?"(16절)
3. "제물을 먹는 자들이 제단에 참여하는 자들이 아니냐?"(18절)
4. "그런즉 내가 무엇을 말하느냐? 우상의 제물은 무엇이냐?"(19절)
5. "우상은 무엇이냐?"(19절)
6. "우리가 주를 노여워하시게 하겠느냐?"(22절)
7. "우리가 주보다 강한 자냐?"(22절)

중요한 사실은 바울이 이교 제의 만찬에 참여하는 것과 관련한 다양한 논쟁에 그토록 많은 관심을 기울였다는 것이다. 8:1을 시작하면서, 바울은 이미 10:16-22의 비타협적인 어조를 구상하고 있었다. 바울은 성도들을 낙심시킬 자신의 결론에 대해 성도들을 어떻게 준비시킬지 생각한 것일까? 각각의 주장들은 당근과 채찍의 순서로 이들을 누그러뜨리는 역할을 한다. 고린도전서 10:16에 도달하기까지 바울은 서서히 일격을 가할 준비를 한다. "너희가 주의 잔과 귀신의 잔을 겸하여 마시지 못하고 주의 식탁과 귀신의 식탁에 겸하여 참여하지 못하리라"(10:21). 8:1-13에서, 믿음이 연약한 형제들의 상한 양심이 가장 먼저 눈에 띈다. 그러나 여기서는 "주의 식탁과 귀신의 식탁"이 극명하게 대조되면서 두 권세들 사이의 충돌이 보인다. 그럼에도 불구하고, 손쉽게 결정타를 먹이기보다 미리 준비된 수사학적 질문들이 중요한 역할을 수행한다. 바울은 고린도 교회 사람들에게 이렇게 말하는 듯하다. "여러분은 내가 결국에는 이렇게 말하리라는 것을 알고 있었습니다. 그렇지 않습니까? 곰곰이 잘 생각해 보십시오. 저는 여러분이 제 생각에 동의하리라 확신합니다!"

주의 만찬(성찬, 성만찬, 미사)을 십자가에 못 박히시고 부활하신 주님과의 개인적 만남으로 단순하게 이해하기 쉽다. 그러나 바울은 오늘날 수많은 곳에서 진행되는 성만찬 의식에서 표현되는 말("떡이 하나요 많은 우리가 한 몸이니 이는 우리가 다 한 떡에 참여함이라", 10:17)로 공동체적 역학을 설명한다. 여기 이 만찬에 모인 사람들은 사랑과 상호 의무로 하나가 된 기독교 가족이다. 우리가 무분별하게 자기 이익을 추구하기 위해 동료 예배자들의 삶에 부정적인 영향을 주는 방식으로 행동할 때, 이 연대는 손상된다. 이러한 태도가 광야에서 이스라엘 백성에게 벌어졌던 일(5, 10절)과 유사한 방식으로 주님의 노여움(22절)을 불러일으킨다. 바울은 고린도 교회 사람들이 자신들이 가고 있는 길이 잘못되었음을 깨닫고 심판을 받지 않게 되리라고 확신했기에 이런 식으로 기록한다.

모순된 요약?(고전 10:23-30)

고린도전서 10:23-28은 8장 시작부터 다루었던 내용들을 요약한다. 그러나 그 뒤에 이어지는 내용이 모순적으로 보인다. "어찌하여 내 자유가 남의 양심으로 말미암아 판단을 받으리요 만일 내가 감사함으로 참여하면 어찌하여 내가 감사하는 것에 대하여 비방을 받으리요"(10:29b, 30). 만약 이것이 바울 자신의 입장이라면, 이전에 제시한 모든 주장을 무효화하는 참으로 모순된 진술이 된다. 하지만 만약 지금까지 바울이 고린도 교회 사람들에게 말해야 할 바를 신중하게 생각해서 표현했다면, 이것은 수사학적 질문으로서 고린도 교회 사람들의 입장을 재진술한 내용 요약으로 읽힌다.[45] 바울은 이렇게 묻는다. "이제 여러분은 이 문제에 대한 저의 입장을 이해할 수 있을 것입니다. 여러분은 이런 방식으로 생각하고 올바른 길로 나아가야 하며 당신들이 가진 질문들에 대해 지금

---

45 Ben Witherington III, *Conflict and Community in Corinth*, 228.

부터는 바람직한 답을 내려야 하지 않겠습니까?" 경제적 자기 이익과 기독교 제자도의 모습 사이에 있을 수 있는 갈등은 모든 시대에 표면화되어 왔다. 이 갈등은 바울이 구체적으로 제시한 해결책에서 드러났던 것처럼 독특한 방식으로 고린도 교회에서도 표면화되었다. 우리는 이 문제를 이 책의 마지막 장에서 좀 더 고찰할 것이다.

고린도 교회 사람들이 이 문제에 대해 깊이 생각해 보도록 바울이 수사학적 질문을 사용한 사실은, 우리가 무엇을 믿고 무엇을 해야 할지를 설교자나 목사가 이야기해 주길 기다리는 나태한 신앙에 빠지기가 얼마나 쉬운지를 뚜렷이 보여 준다. 안타깝게도 이러한 우려는 현실로 이루어졌다. 마침내 와해되어 버린 교회들에 관한 가슴 아픈 이야기들이 있다. 카리스마적인 지도자들이 자행하는 권력 남용에 관한 이야기들도 넘쳐난다. 그리고 이런 이야기들은 설교자들이 유명인사가 되고 이들이 전해야 할 설교의 내용보다 이들이 청중에게 보여 주는 매력이 더 중요시되었던 교회 상황을 그대로 담은 고린도전서 첫 장에서부터 들려온다. 어린 그리스도인이었던 나(론)는 영국 성공회에서 정말 뛰어난 설교자에게 가르침을 받았다. 그 설교자는 설교단에 서서 매번 이렇게 말했다. "성경을 펴고 들으십시오. 당신이 듣는 설교자가 옳은지 그른지를 스스로 판단하십시오." 이 얼마나 지혜로운 말인가!

| 읽 어 볼 글 들 |

- 민수기 11장
- 학개 1장
- 마태복음 6장
- 로마서 14장
- 빌립보서 2:1-11; 4:1-13
- 디모데전서 6장
- 요한계시록 2-3장

| 생 각 해 볼 질 문 |

01 기독교 제자도가 우리의 생활방식, 풍요로움, 혹은 소유를 위태롭게 한 적이 있는가? 당신이 속한 교회는 이러한 문제에 대해 기독교적 접근 방식을 가르치는가? 이 영역에서 그리스도인들은 서로에게 어떤 도움을 줄 수 있는가? 당신이 이 일을 실천하기 위해 한 걸음 더 나아가는 데 방해되는 것은 무엇인가?

_____

_____

_____

02 미래를 위한 당신의 열망과 소원을 살펴보라. 그것은 하나님 나라의 가치와 부합하는가? 당신의 돈과 소유를 즐기기보다 이를 **사용하는** 것과 관련해서 당신이 가진 열망은 무엇인가?

_____

_____

7장

그리스도인의 예배와 봉사, 그리고 성령

나의 조국인 아일랜드에서는 많은 사람이 제도화된 기독교를 버렸지만, 영성에 대한 애착은 많은 이들에게 여전히 지속되고 있다. 드루이드(druid: 아일랜드 신화에서 왕과 귀족을 섬기는 고위 사제이자 자문관 – 역자 주) 유적지에서부터 시작해서 성모 마리아 성지와 성모 동굴, 켈트 십자가, 높은 탑들, 수도원 유적에 이르기까지, 아일랜드의 풍경에는 이와 같이 이른 시기부터 있었던 영적 욕구에 대한 표현들이 산재해 있다. 아일랜드가 가진 종교적 유산의 모습은 아마도 우리가 사는 세계의 많은 부분에도 해당되는 내용일 것이다. 이런 맥락에서 비록 "영성"을 찾고 있지만 매우 다양하게 주어진 선택지들로 인해 혼란스러워하는 많은 사람에게 고린도전서는 참된 영성이 무엇인지에 관해 일깨워 주는 긴급하고 중요한 내용을 담고 있다. 바울에게 영성이란 성령의 인격, 그리고 능동적 의지와 연관되어 있다. 이 장에서는 고든 피가 교회 생활과 증인 됨에 있어 나타나는 성령의 "권능을 부여하는 현존"(empowering presence)이라 부른 것의 함의를 바울이 어떻게 설명하는지 알아보기 위해 고린도전서 12-14장에 초점을 맞출 것이다.[46]

우리는 여기서 고린도 교회가 주로 이방인들(비유대인)로 이루어졌고, 이는 그들이 복음이 계시된 유대교의 체계를 이해하려고 애썼음을 의미한다는 사실을 잊지 말아야 한다. 특히, 고린도 교회가 어려움을 겪고 있었던 영역은 바로 성령에 관한 가르침이었다. 이들에게 "영" 또는 "영들"에 관한 이야기는 복음과 결코 양립할 수 없는 그리스 종교와 문화로부터 유래한 개념과 신념에서 비롯되었을 것이다. 고든 피가 설명한 것처럼, 고린도 교회 사람들의

> "영성"은 모든 유형의 행위적 결함에 대한 증거를 보여 준다. 이들의 "지식"(knowledge)은 교만과 "그리스도께서 위하여 죽으신 형제"의 멸망(8:2, 11)을 초래했다. 이들의 "지혜"(wisdom)는 분쟁과 분파(1:10; 3:4)를 낳았다. 이들의 "방언"(tongues)은 공동체의 덕을 세우지도 않았고, 이방인들로 하여금 예언의 말씀에 응답하

---

46 "하나님의 권능을 부여하는 현존"(God's empowering presence)이라는 용어는 바울 서신에 나타나는 성령에 관한 고든 피의 주요 연구에서 빌려왔다. Gordon D. Fee, *God's Empowering Presence*을 보라.

게 하지도 않았다(14:1-25). 간단히 말해, 고린도 교회 사람들이 가진 영성이란 성령의 가장 중요한 증거를 빠뜨리고 있었다. 그것은 바로 "사랑"(having love)으로 묘사될 수 있는 행함이었다.[47]

놀랄 것도 없이, 고린도 교회는 공동체적 측면에서 신실하지 않음을 보여 주었고, 이들의 잘못된 영성은 공적 예배 모임 시간에, 특히 신령한 은사들을 실천하는 태도에서 나타났다.

고린도 교회 생활과 신령한 은사

바울은 고린도 교회 안에서 신령한 은사의 위치에 대해 관심을 가지고, "예수는 주님이시다"(12:3b)라는 말을 상기시키면서 고린도전서 12장을 시작한다. 배럿이 주장한 것처럼, "예수 그리스도의 주 되심을 증언하는 것은 하나님의 성령의 사역에 속한다."[48] 오직 "성령으로 말미암을" 때에만 우리는 신령한 은사들을 행하는 것을 포함해서 기독교 제자도의 다양한 가닥들을 하나의 실타래로 엮는 이 고백을 할 수 있다. 따라서 성령의 은사들은 많지만(12:8-10) 이를 나누어 주시는 분은 한 분 곧 성령이시다(12:11). 이와 동일하게, 섬김을 받으실 분도 주님 한 분이시고, 역사하시는

---

47 Gordon D. Fee, *First Epistle to the Corinthians*, 631.
48 C. K. Barrett, *A Commentary on the First Epistle to the Corinthians*, 2nd ed. (London: A&C Black, 1979), 283.

분도 하나님 한 분이시다(12:4-6). 고린도 교회 내에서 다양한 질문이 제기되었을 것이다. 어떤 은사가 가장 중요한가? 그리스도인들 가운데도 다양한 계층이 있는 것일까? 분명한 은사를 보여 주지 않는다면 과연 그리스도인이라 할 수 있을까? 사실, 교회 생활을 해 본 사람이라면 누구든 이러한 질문들을 접해 보았을 것이고, 교회 생활과 증인 됨에 있어서 신령한 은사들을 적절히 배치하는 것에 대한 이해가 없을 때 나타나는 부정적인 결과가 무엇인지도 잘 알 것이다. 바울은 고린도 교회 사람들이 가졌던 이런 질문들에 답하기 위해, 가장 먼저 건강한 교회란 어떠해야 하는지를 설명하기 위해 그의 유명한 '사람 몸 비유'를 이용한다(12:12-14).

교회는 사람의 몸과 같다

통일성과 목적을 깨닫게 하려고 사람의 몸에 비유해 호소하는 것은 바울 시대의 정치적 수사학에서는 일반적인 것이었다.[49] 오늘날 코로나 바이러스의 위협에 직면한 우리는 이와 비슷한 수사학에 익숙할 것이다. "함께라면 우리는 이겨 낼 수 있습니다!" 또 한 가지 유명한 사례를 미국 역사에서 찾아볼 수 있다. 바로 대통령 존 F. 케네디가 1961년에 행한 취임식 연설이다. "국가가 여러

---

49 Barrett, *Commentary on the First Epistle to the Corinthians*, 287.

분을 위해 무엇을 할 수 있는지를 묻지 말고, 여러분이 국가를 위해 무엇을 할 수 있는지를 물어보십시오."

그렇다면 바울은 일반적인 몸의 수사학을, 복음을 위한 섬김과 관련해서 어떻게 고쳐 표현하는가? 바울은 교회 여러 지체들의 상호의존성을 분명하게 제시할 뿐 아니라, 그 지체들이 귀히 여김을 받지 못하는 지체들을 특별히 더 귀히 여겨야 한다고 권면한다(12:23).[50] 여기서 우리는 바울의 십자가 신학을 다시 한 번 주목하게 된다. 바울의 십자가 신학에 따르면, 그리스도는 영적으로나 물질적으로 가난하고 연약하며 소외된 자들을 자신과 동일시하셨다.[51]

이 글을 쓰는 가운데 유럽과 북미에 거주하는 많은 이들이 "흑인의 생명은 소중하다"(The Black Lives Matter; 미국 내 아프리카계 미국인들에 대한 인종주의적 폭력과 제도적 불평등을 반대하는 사회 운동 - 역자 주) 운동에 도전받고 있다. 이 운동은 오늘날 역사와 문화에 인종주의가 얼마나 팽배해 있고 조직적으로 이루어지고 있는지를 일깨워 준다. 비극적이게도 인종주의적 편견의 상당수는 교회 안에

---

50 마찬가지로 코로나 팬데믹은 우리가 속한 공동체에서 가장 취약한 사람들을 생각하게 한다. 또한 우리는 우리 사회의 상호의존성을 인식하게 되었다. 우리는 병원, 요양원, 슈퍼마켓 등 최전선에서 일하는 사람들에 대해 얼마나 더 감사하게 되었는가?
51 성서 곳곳을 보면 이러한 모티프와 공명하는 내용들을 찾을 수 있다. 예를 들면, 한나의 노래(삼상 2:1-10)와 마리아의 노래(눅 1:46-55)가 그러하다.

서 제도화되었다. 따라서 바울의 가르침은 오늘날 우리 시대에도 절실히 필요하다. "만일 한 지체가 고통을 받으면 모든 지체가 함께 고통을 받고 한 지체가 영광을 얻으면 모든 지체가 함께 즐거워하느니라"(12:26).

> "고린도 교회에서 지위를 얻고자 하는 사람들은 이러한 겸손을 '추천할 만한 것이 아닌 것'으로, 심지어 당혹스러운 것으로 인식하는가 하면, 은사를 가진 사람들은 자신을 교회에서 '극히 중요한' 핵심으로 여겼다. **이와는 반대로,** 바울의 반응은 표준적인 몸의 정치적 수사학을 예상치 못한 방식으로 뒤튼 것으로 설명된다. '강한 자들'이 이류 계층이라 여겨 뒤로 감추고 싶어 하는 사람들이 더 자신감 있고 부유하며 혹은 '신령'하다고 하는 사람들이 결코 수행할 수 없는 중요한 기능을 수행한다. 모두가 필요하다."
> — 앤서니 티슬턴, *The First Epistle to the Corinthians*(고린도 교회에 보낸 첫 번째 편지)

사랑의 우선성

교회에 관한 바울의 비전이 보여 주는 친교의 깊이는 그가 "가장 좋은 길"(12:31b)이라고 극찬한 사랑이 나오는 13장을 자연스럽게 여는 서곡을 마련한다. "예수는 주님이시다"라고 말하는 이 새로운 공동체가 가진 진정한 변화의 본질은 교회의 지체들이 구체적인 방식으로 서로를 향한 사랑을 보여 줄 때 가장 분명하게 드러난다.

영어 단어로 "사랑"(love)은 다양한 의미를 지닌다. 그중 많은 것은 바울이 생각한 사랑과 상당히 다르다. 밥 딜런은 자기가 말한 "싱거운 사랑"(watered-down love)과 바울이 설명한 "순수한" 사랑을 대조시킴으로써 동일한 점을 지적했다.[52] 이 노래의 한 구절을 인용해서 표현하자면, 사랑은 "높고 어둡고 멋진 당신의 방에 살며시 들어가서 당신의 마음을 사로잡아 인질로" 삼지 않는다. 기독교의 사랑은 하나님께 사랑받은 경험을 통해서 고취되는 것으로서, 결과적으로 신자는 하나님의 사랑 덕분에 이 사랑을 다른 이들에게 희생적이고 실천적인 방식으로 표현할 수 있게 된다.

고린도전서 13장은 바울이 기독교 삶의 세 가지 필수적인 특징이라고 정의한 것으로 결론을 맺는다. 그것은 믿음, 소망, 사랑이다. 믿음과 소망은 우리를 향하신 하나님의 사랑에 대한 반응이지만, 사랑은 신적인 삶에 참여하는 것이다. 배럿이 주장한 것처럼, "사랑은 하나의 활동 곧 하나님 자신의 본질적인 활동이며, 인간은 자기 자신이나 다른 동료 인간들을 사랑할 때 하나님이 하시는 일을 (불완전하게나마) 행하고 있는 것이다."[53] 결론적으로 사랑은 그리스도인의 삶에서 모든 것의 시금석이 된다. 기독교적 지혜의 이 근본적인 내용이 성공회 기도문에 표현되어 있다.

---

52 Bob Dylan, "Watered-Down Love," *Shot of Love*, Columbia Records, 1981.
53 Barrett, *Commentary on the First Epistle to the Corinthians*, 311.

주님, 당신은 사랑 없이 행하는 모든 것이 아무 소용이 없음을 우리에게 가르쳐 주셨습니다. 이제 당신의 거룩한 영을 보내 주셔서 가장 탁월한 은사인 사랑을 우리 마음에 부어 주소서. 그것은 평화와 모든 미덕을 묶는 참된 유대이며, 이것 없이는 살아 숨 쉬는 모든 생명이 당신 앞에서 죽은 것으로 간주되옵나이다.[54]

이 기도는 고린도 교회가 가지고 있던 목회적 문제들에 대한 해결책을 간략하지만 정확하게 포착한다.

고든 피가 설명한 바와 같이 놀랍게도 사랑은 "그 주요한 정의가 자신의 원수들을 위해 대속하신 하나님 그분의 행위(롬 5:6-8) 안에서 발견되는 단어다. 사랑은 그리스도의 삶과 죽음 안에서 뚜렷하게 나타난다." 고든 피는 계속해서 이렇게 설명한다.

그러므로 "사랑을 가지라"(have love)는 것은 하나님이 그리스도 안에서 우리에게 그렇게 하신 것처럼 우리 역시 다른 이들에게 그렇게 하라는 것을 의미한다. 따라서 … "성령 안에서 행하는" 자들에게 주어진 첫 번째 윤리적 의무는 "서로 사랑하라"는 것이다. 이것은 모든 윤리적 교훈의 중심에서 발견되며, 다른 권고들은 단지 이에 대한 설명에 지나지 않는다.[55]

---

[54] *Book of Common Prayer*, Church of Ireland (Dublin: Columba Press, 2004), 283.
[55] Fee, *First Epistle to the Corinthians*, 631.

다시 말해, 바울이 사용한 "사랑"이라는 말은 그리스도의 십자가 안에서 우리에게 최고로 계시된 하나님의 사랑으로부터 그 의미를 취한다. "내가 그리스도와 함께 십자가에 못 박혔나니 그런즉 이제는 내가 사는 것이 아니요 오직 내 안에 그리스도께서 사시는 것이라 이제 내가 육체 가운데 사는 것은 나를 사랑하사 나를 위하여 자기 자신을 버리신 하나님의 아들을 믿는 믿음 안에서 사는 것이라"(갈 2:20). 복음의 이 신비는 성령을 통해서 우리에게 믿어지고 경험되는 진리로 알려진다. 그뿐만 아니라 우리로 하여금 자기-희생적 사랑을 표현하도록 힘을 북돋아 주는 것 역시 동일한 성령의 역사다.

예배 안에서 드러날 사랑의 모습

고린도전서 14장은 사랑과 신령한 은사들을 사모하는 것 사이를 긴밀하게 연결하는 바울의 말로 시작한다. "사랑을 추구하며 신령한 것들을 사모하되 특별히 예언을 하려고 하라"(14:1). 계속해서 바울은 이 교훈이 예배 안에서 어떻게 적용되어야 하는지를 설명한다. 사랑은 함께 교회가 되어 간다는 가장 분명한 공동체적 표현이다. 사랑은 교회의 건강함, 교회의 공동체적 삶과 증인 됨, 특별히 신령한 은사를 사용함에 있어서 언제나 평가 기준이 된다. 우선, 은사들은 항상 다른 사람들의 유익을 위한 것이어야지, 그 은사를 가진 사람 자신을 위한 것이 되어서는 안 된다. 둘째, 따라서 더 큰 은사를 구하는 훈련(12:31)은 그 자체로 자기희생적 행위이자 사랑이라 할 수 있는데, 왜냐하면 이러한 훈련은 몸 된 교회에 가장 좋은 것을 목적으로 삼기 때문이다. 셋째, 어떤 은사든 그것이 가진 상대적인 가치는 교회 공동체를 세울 수 있는 가능성에 의해서 평가된다. 이 원리를 염두에 두고 바울은 예언을 "더 큰 은사"로 내세운다(아래 구절을 읽는다면 이것이 무엇인지 이해할 수 있다).

그러나 다 예언을 하면 믿지 아니하는 자들이나 알지 못하는 자들이 들어와서 모든 사람에게 책망을 들으며 모든 사람에게 판단을 받고 그 마음의 숨은 일들이 드러나게 되므로 엎드리어 하나님께 경배하며 하나님이 참으로 너희 가운데 계신다 전파하리라(고전 14:24-25)

어떤 사람들에게는 예언이 설교의 동의어일 것이다. 또 다른 이들은 예언이 특정한 사람이나 집단이나 상황에 대해 주어진 구체적인 메시지로서, 구약에서나 볼 수 있는 예언적 신탁과 같은 것이라고 주장할 것이다. 예언에 관해 정확한 정의를 내리는 것은 바울의 주된 관심사가 아니다. 바울의 요점은 이것이다. 인간에게 가장 필요한 것은 하나님의 말씀을 듣고 그에 반응하는 것이라는 사실이다. 그리고 인간은 방언의 은사와는 다르게 하나님의 말씀이 이해 가능한 방식으로 전달되었을 때에만 "알아들을 수 있다"(14:9)는 것이다.

성령께서 능력을 주심

이 각각의 주제들을 종합해 보았을 때, 우리가 교회 공동체 생활 안에서 성령이 차지하고 있는 위치를 숙고해 본다면 앞으로 교회 공동체에 변화를 가져다줄 몇 가지 통찰을 발견할 수 있다. 첫째로, 바울에게 있어서, 참된 영성이란 언제나 성령과 결부되어 있다. 성령의 인격과 사역에 대한 오해는 교회 공동체 생활과 증인 됨을 심각하게 왜곡할 수 있다. 둘째로, 성령은 늘 복음이라는 중심 진리, 곧 예수가 주님이심을 더욱 구체적으로 드러내고자 하신다. 셋째로, 성령은 교회가 더 넓은 세상을 향해 복음 전하는 소명을 감당하고 모든 지체를 돌보는 일에 있어서 예수님을 닮아 갈 수 있도록 은사들을 부여하신다. 마지막으로 교회는 예수님 안에서 계시되고 성령을 통해서 현재 역사하는 하나님의 무조건적인 사랑에 의해서 정의되고 통제되어야 한다.

| 읽 어 볼 글 들 |

- 고린도전서 12-14장
- 로마서 8장
- 갈라디아서 5장

| 생 각 해 볼 질 문 |

01 당신은 성령을 인격으로 생각하는 것이 어렵다고 생각하는가? 교회가 때로는 삼위일체의 삼위이신 성령께 합당한 존귀를 돌려 드리지 않는 잘못을 하고 있다고 생각하는가?

02 당신에게 개인의 자유는 어느 정도로 중요한가? 교회가 한 몸이라는 바울의 가르침은 현재 당신의 생각과 신념에 어떤 도전을 주는가?

03 고린도전서 13:4-7에 나오는 "사랑"이라는 단어를 "예수"라는 이름으로 대체할 수 있다는 주장이 제기되어 왔다. 여기서 "사랑"이라는 단어를 당신의 이름으로 대체해 보면 기분이 어떨까? 당신은 어떤 부분에서 더 나아지기를 바라는가?

_____

_____

_____

_____

04 교회 공동체 생활 안에서 성령의 은사를 이해하도록 바울은 어떤 가르침을 주는가?

_____

_____

_____

_____

8장

부활의 약속

고린도전서에서 15장은 가장 길기도 하고, 상세하고 면밀한 논의가 이루어지는 장이다. 바울은 고린도 교회가 직면한 문제들을 다루고 있는데, 그중에서 몇몇은 고린도 교인들이 직접 제기한 것이고 나머지는 바울에게 보고된 것들(예를 들어, "글로에의 집 편으로 너희에 대한 말이 내게 들리니", 1:11)이다. 15장에서 바울은 고린도 교회 안에서 부활 그 자체에 대해 의심하는 사람들에게 이렇게 답한다. "그리스도께서 죽은 자 가운데서 다시 살아나셨다 전파되었거늘 너희 중에서 어떤 사람들은 어찌하여 죽은 자 가운데서 부활이 없다 하느냐"(15:12). 40년 전, 내(론)가 시무하는 교회에 다니는 한 청년이 운전하던 중 교통사고를 당했다. 그는 심각한 뇌출혈로 사망했다. 장례식 전날 나는 그 청년의 아버지를 만났다. 그 아버지는 이렇게 말했다. "저는 죽음 이후에 아무것도 없다고 생각합니다." 나는 그의 눈을 통해 그 마음을 알 수 있었다. 그리고 1년이 지난 후, 그 아버지 역시 세상을 떠났다. 나는 가끔씩 그가 세상을 떠날 때 그렇게 깨지고 소망 없는 마음으로 죽음을 맞이했을지 궁금하다.

바울은 십자가에 대해 이야기했을 때 그랬던 것처럼 인간이 생각하는 지혜와는 전혀 다른 지혜를 가진 하나님을 우리에게 말한다("어리석은 자여!", 15:36). 이와 같은 내용은 고린도전서 1-4장에서 바울이 강조한 하나님의 지혜와 공명한다. 그리스 시인 호머(Homer, 기원전 7-8세기) 시대 이래로, 죽음이야말로 마지막이며 그 너머에는 아무것도 없다는 뚜렷한 믿음이 자리해 왔다. 또한, 그 시대에 그리스-로마 종교에는 죽음 이후의 영혼 불멸과 망자의 그림자 같은 존재 등에 관한 다양한 개념들이 있었다. 오직 유대교에만 죽은 자들의 부활에 관한 약속이 있었다. 구약성서는 이스라엘 민족의 재건과 피조 세계의 갱신을 약속했고, "부활"이라는 단어는 여기에 전적으로 부합하는 것이었다. 여기서부터 몸의 부활에 관한 기독교적 이해가 출현했다.[56]

---

56 사도신경: "나는 … 몸의 부활과 영생을 믿습니다."

부활에 관한 바울의 가르침

부활의 중요성(15:1-2)

고린도전서 15장의 도입부는 바울이 전한 복음에 있어서 부활이 가진 중요성과 중심성을 설명한다. 고린도 교회 사람들은 이 복음을 "믿을" 뿐 아니라, 이 복음 안에 "서 있기"에 "구원을 받았다"(1, 2절). 이것은 중립적인 진술이 아니다. 헛되이 믿는다는 모순적인 언급도 있다(14-19절을 예상하면서, "너희가 만일 내가 전한 그 말을 굳게 지키고"[2절]).

부활의 내력(15:3-4)

바울은 자신이 전한 복음과 자신의 수사학 스타일을 의심하고 비판하는 사람들을 잘 알고 있었다. 이런 배경은 바울이 그리스도께서 우리 죄를 위해 죽으시고, 장사되셨으며, 죽은 자들 가운데서 다시 살아나셨다는 믿음을 "받은" 과정을 3절에서 강조한 일을 설명한다. "받다"와 "전하다"로 번역된 원래 그리스어는 전통을 충실하게 전수함을 설명하는 데 사용되는 전문적인 용어들이다. 따라서 바울은 자신 이전에 복음을 알고 있었던 다른 사람들로부터 자기가 받아들인 것과 정확히 똑같은 것을 고린도 교회 성도들이 다시 바울 자신에게서 전수받았음을 주장한다. 바울을 비판하는 사람들은 더 이상 바울에게 복음을 창작했다는 혐의를 씌울 수 없다. 비록 그리스도께서 "우리 죄를 위하여 죽으셨다"고 하지만(3절), 여기서는 십자가의 구원하는 능력에 관한 구체적인 설명이 없다. 이것은 아마 부활에 관한 언급 역시 포함하고 있는 신경의 초기 형태일 것이며, 공식과도 같은 방식으로 진술된 것이다. 예수의 죽음과 부활은 하나님의 동일한 구원 행위와 연결된다. 그러므로 이것이 "중요한 것"(3절, "of first importance"[NIV], "내가 받은 것"[개역개정], "나도 전해 받은 중요한 것"[새번역])이다. 더 나아가서, 비록 여기에서는 아무 성경 구절도 인용하지는 않았지만, 이것은 "성경대로"(4절) 된 것이다.

부활의 증거(15:5-11)

5-8절은 부활하신 그리스도가 자신을 보여 주신 모든 사람을 열거한다. 이 만남 중 몇몇은 신약성서의 다른 곳에서도 증언된다. 다만, 그리스도가 오백여 명의 형제자매에게 나타나신 기록(6절)은 이 부류에 해당되지 않지만, 회상한 내용의 객관적 실체를 강조하는 데 도움이 된다. 그다음으로 바울 자신에게 나타난 부활하신 그리스도에 관한 놀라운 진술이 이어진다. 이것은 사도행전 9, 22, 26장의 다메섹 도상 사건에 관한 설명과는 어조가 사뭇 다르다. 여기서 자신을 폄하하는 듯한 설명을 볼 때 바울은 자신에

대한 공개적인 비판을 알고 있었던 것으로 보인다. 그가 사용한 특정한 단어들은 그가 의도했던 결론으로 이어진다. "그러므로 나나 그들이나 할 것 없이, 우리는 이렇게 전파하고 있으며, 여러분은 이렇게 믿었습니다."(11절, 새번역). 다시 말해, 비록 그들이 부활에 회의적이라 할지라도, 부활이라는 복음의 내용은 참이라는 것이다. 그리고 그들이 귀담아들어야 할 부활을 증언할 수많은 사람이 있다는 것이다.

고린도 교회 사람들의 입장(들)

"죽은 자 가운데서 부활이 없다"(15:12)

고린도 교회의 몇몇 사람들이 부활의 본질을 문제 삼았기에, 바울은 부활의 실재를 주장한다. "그리스도께서 죽은 자 가운데서 다시 살아나셨다 전파되었거늘 너희 중에서 어떤 사람들은 어찌하여 죽은 자 가운데서 부활이 없다 하느냐"(12절). 이들이 부활에 대해 가진 이해는 바울이 부활에 관해 이해한 것과는 정반대였다. 이들의 입장에 대한 두 가지 해석이 가능하다.

1. "영적" 부활이 이미 일어났다고 믿으면서, 강력한 성령 체험에서 비롯되는 삶을 과도하게 해석하는 입장이다.

2. 영혼이 불멸한다는 입장이며, 사람이 죽을 때 영혼이 몸에서 해방된다고 본다. 이들은 육체의 부활을 부정한다. 오늘날 많은 사람들이 이 입장을 지지한다.

고린도 교회 사람들이 가진 입장에 관해 바울이 언급하는 다음 두 구절은 이 문제를 더욱 구체화하는 데 도움이 된다.

"만일 죽은 자들이 도무지 다시 살아나지 못하면 … 어찌하여 그들을 위하여 세례를 받느냐?"(15:29)

초기 교회에서나 그 이후 시대에도 이것과 비슷한 관습이 없었기에, 이에 대한 다양한 설명들이 제시되었다. 그러나 바울은 이 말의 정확한 의미를 상세히 설명하지 않는다. 바울의 주장이 강조하는 바는 단지 이것이다. 곧 만약 죽은 자들이 부활하지 않는다면 죽은 자들을 대신해 세례를 받는 것(분명 몇몇 사람들은 참여했던 관습)은 아무 소용이 없다는 것이다.

"누가 묻기를 죽은 자들이 어떻게 다시 살아나며"(15:35-37)

15:35-36a에서 바울의 강한 반문은 몇몇 사람들이 그리스도의 부활이 가리키는 부활의 물질적 측면에 의문을 제기하고 있었음을 암시한다. 이들은 어떤 상세한 설명을 바라는 것이 아니라 복

음의 중심 사건인 부활을 실컷 깔보고 싶었을지 모른다.[57] 이제 바울은 네 가지 단계로 이들의 회의론에 대응한다. 다음 네 가지는 대조되는 것들로서 동일한 내용을 가리키며 서로의 주장을 강화한다.

1. 현재의 몸은 일종의 씨앗과 같고, 이로부터 죽음 이후 새로운 형체가 나타날 것이다(36-38절).
2. 서로 다른 피조물들은 서로 다른 육체를 갖는다. 하늘에 속한 형체의 영광은 땅에 속한 형체의 영광보다 더욱 크다(39-44절).
3. 첫 사람 아담과 마지막 아담의 대조(45-49절).
4. 하나님 나라를 이어받을 수 없는 썩는 것과 하나님 나라를 이어받는 썩지 아니하는 것의 대조(50-57절).

믿는 자들의 현재의 몸과 장래의 몸 사이의 관계는 연속성과 불연속성 모두를 포함하고 있다. 이것은 철학적인 논변일 수 있지만, 15:3-7의 신조적 진술을 고려해 볼 때, 바울 역시 누가복

---

57 로버트슨과 플러머는 바울을 의심하며 반대하는 사람들의 입을 빌려 이렇게 말한다. "우리가 그런 일을 생각이나 할 수 있는가? 우리가 불가능한 것과 상상조차 할 수 없는 일을 믿으리라고 기대할 수는 없다." Archibald Robertson and Alfred Plummer, *A Critical and Exegetical Commentary on the First Epistle of St. Paul to the Corinthians*, International Critical Commentary 33 (Edinburgh: T&T Clark, 1914), 368.

음 24장에 기록된 것과 같은 부활하신 주님의 모습을 알고 있었을 가능성이 크다. 여기서 제자들에게 나타난 예수님의 모습은 두려움을 불러일으켰는데, 왜냐하면 그들은 유령을 보고 있다고 생각했기 때문이다(눅 24:36-37). 예수님은 제자들을 안심시키기 위해 자기 손과 발의 상처를 보여 주시고 생선 한 토막을 드셨다(눅 24:39-42). 예수님의 이런 모습들은 분명 육체의 모습이었고, 이 땅에 있는 인간의 몸과 연속성과 불연속성의 요소들을 포함하고 있다. N. T. 라이트는 이를 "초월적 육체성"(trans-physicality)이라 부른다.[58]

만약 죽은 자들의 부활이 없다면?

한번은 우디 앨런(Woody Allen)이 이런 말을 했다. "나는 죽음이 두렵지 않습니다. 다만 죽음이 찾아왔을 때, 그 자리에 있고 싶지 않을 뿐입니다." 어떤 이들에게 죽음은 생각할 수 없을 만큼 불편한 일이고, 또 다른 이들에게 죽음은 언젠가 반드시 직면하게 될 피할 수 없는 현실이다. 누군가는 죽음을 농담 삼아 이야기하며 애써 무시하려 한다. 우리는 종종 듣기 불편한 단어를 좀 더 그럴싸한 듣기 좋은 말로 바꾸어 사용한다. 예를 들어, "죽었다"(died)

---

58 N. T. Wright, *The Resurrection of the Son of God* (London: SPCK, 2003, 『하나님의 아들의 부활』, CH북스), 661.

는 "떠났다"(passed)로 바꾸고, 장례식 예배는 "감사 예배"(services of thanksgiving)로 바꾼다. 심지어 기독교 가정 안에서도 부활은 별로 중요하지 않은 것 같다. 인도 출신의 한 교회 목사가 부활절 주일에 영국 성공회 교회에서 설교한 적이 있다. 그는 그곳에 있던 어린이들에게 부활절이 무엇인지 물어보았다. 아이들은 "초콜릿 달걀과 토끼 버니(유럽에서 부활절 상징으로 여기는 것 – 역자 주)"라고 소리쳤고, 부모들도 옆에서 이를 부추기며 거들었다. 목사는 아연 실색했다. "저는 그들을 혼냈습니다."라고 나중에 말했다. (여기서 "그들"은 아이들이 아니라 그들의 부모였을 것이다!).

만약 죽음으로 끝이라면, 우리는 무엇을 해야 할까? 20세기 위대한 철학자인 버트런드 러셀은 논리적 논증 끝에 부활을 부정하는 데 이르렀다. 러셀은 서구 세계 전체에 종교적 회의주의가 만연한 시대를 살아가는 많은 사람을 대신하여 시적이지만 잔인할 정도의 정직함을 가지고 이렇게 말했다.

불처럼 타오르는 맹렬함, 영웅주의, 생각과 감정의 열망 없이 무덤 너머로 각자의 삶을 보존할 수 없다. 그 시대의 모든 수고, 모든 헌신, 모든 영감, 그리고 정오의 해처럼 가장 밝게 빛나는 인간의 모든 천재성은 태양계의 거대한 죽음과 함께 멸종될 운명에 처해 있다. 그리고 인류의 성취로 지어진 이 성전 전체는 결국 폐허

가 된 우주의 잿더미 아래로 파묻히게 될 운명을 피할 수 없다.[59]

부활이 영광스러운 그 무엇으로 이어질 수 있다는 세계관과 희망할 수 있는 것은 아무것도 없다는 세계관 사이의 차이는 실로 매우 크다. 2020년 코로나19 감염병 확산은 수많은 사람들이 가상 온라인 예배에 접속하는 광경을 보여 주었다. 아마도 이들 중에는 이전에 교회와 전혀 관련이 없었거나 아니면 거의 없었던 사람들도 많이 있을 것이다. 영국에서는 교회 결혼식이 일반 결혼식에 수적으로 점점 추월당한지 몇 년 되었는데, 팬데믹으로 인해 다시 교회 결혼식에 관한 문의가 큰 폭으로 증가했다. 뉴스와 같은 언론 매체들은 전례 없는 방식으로 집집마다 공포와 두려움과 죽음의 그림자에 관한 소식을 전해 주었다. 이제 죽음은 먼 곳의 일이 아니라, 받아들이기 불편하지만 우리 가까이에 있다. 지금은 위기 상황이지만, 내면에 집중하고 번잡한 생각들을 덜어 낼 좋은 기회이기도 하다.

> "단순하지만 강력한 세 가지 열정이 내 삶을 지배해 왔다. 곧 사랑에 대한 갈망, 지식을 추구함, 그리고 인류가 겪는 고통에 대한 참을 수 없는 연민이다. 이 세 가지 열정은 거센 바람처럼 나를 이리저리 날려 버렸고, 나조

---

59 Bertrand Russell, "A Free Man's Worship," *The Independent Review* 1 (December 1903), 415.

> 차도 어찌할 수 없는 방식으로 고통의 깊은 바다를 건너, 절망의 가장 끝자락에 이르도록 만들었다. 그 속에서 나는 가장 먼저 사랑을 좇았다. 왜냐하면 사랑은 황홀함을 가져다주기 때문이다. … 그다음으로 나는 황홀함을 좇았다. 왜냐하면 황홀함은 외로움을 달래 주었기 때문이다. 그 외로움이란 전율하는 의식이 세상의 가장자리 너머로 차갑고 그 끝을 들여다볼 수 없는 죽음의 심연을 들여다보는 그런 끔찍한 외로움이었다."
> — 버트런드 러셀, 『러셀 자서전』

죽은 자를 살리시는 하나님

고린도전서의 첫 번째 주요 단락은 십자가 사건을 하나님의 지혜가 소위 세상의 "지혜"와 상충하고 심지어 "미련한 것"으로 표현된다는 것을 보여 주는 사건으로 설명한다. 여기에는 사람들이 선택해야만 하는 두 가지 세계관이 있다. 15:35-58은 비슷한 대조를 보여 주는데, 이 부분은 복음이 선포하는 부활을 부정하는 사람들에게 도전한다. 부활과 대립되는 세계관들은 또다시 거부된다. 성자의 인격 안에서 자기 자신을 완전히 계시하신 하나님은 죽은 자를 다시 살리시는 하나님이시기 때문이다. 여기서 선포되는 사실은 다음과 같이 온 인류에게도 영향을 미친다. 첫째, 예수 그리스도의 다시 사심은 그를 믿는 모든 자들의 부활을 예견한다. 둘째, 하나님이 이루시는 부활은 **육체적** 부활이며 하나님의 새로운 창조 행위로 나타난다. 셋째, 15장의 마지막 절은 그리스도인들로 하여금 소망 안에서 살아가도록 용기를 북돋아 준다. 부활은 수동적으로 떠밀리듯 이 세상을 사는 것을 말하지 않는다. 오히려 이 세상이 받아들이지 않는 삶의 방식 곧 이 세상 속에서 기독교 신앙이 가져다주는 적극적이고 기쁨이 넘치는 삶의 태도로 살아가도록 동기를 부여한다.

그러므로 나의 사랑하는 형제자매 여러분, 굳게 서십시오. 아무것도 여러분을 흔들게 하지 마십시오. 항상 주님의 일에 자신을 온전히 드리십시오. 여러분은 여러분의 수고가 주님 안에서 헛되지 않다는 것을 알기 때문입니다.(15:58, 역자 번역)

| 읽 어 볼 글 들 |

- 누가복음 24장
- 로마서 5장
- 빌립보서 3:1-14
- 골로새서 3:1-17

| 생 각 해 볼 질 문 |

01 한 조사 결과에 따르면, 미국 그리스도인들 중 일부가 환생을 믿는다고 한다. 왜 이들은 환생이라는 개념에 끌리는 것일까? 그리고 왜 이들은 기독교가 제시하는 부활보다 환생을 더 선호하는 것일까? 당신이라면 부활에 관해 회의적인 친구가 부활에 마음을 열도록 어떻게 설득할 수 있겠는가?

02 신약성서에서 부활에 관한 증언은 얼마만큼 죽음 이후의 삶에 관해 이야기하고 있는가? 현재 우리의 삶에 관해서는 얼마만큼 말하고 있는가? 복음을 전하는 것은 단지 "사람들이 지옥에 가지 않게 하려는 것"뿐인가?

03 죽음 너머의 삶이 단순히 "영적으로" 존재하는 것이라는 생각은 얼마나 널리 퍼져 있는가? 성경 혹은 다른 자료들에서 이러한 생각은 얼마나 뒷받침되고 있는가?

9장

고린도전서의 다음 안내 장소는?

『뉴욕 타임스』의 칼럼니스트 로스 다우타트(Ross Douthat)는 미국을 이렇게 묘사했다. "오늘날 그 어느 때보다 하나님에게 푹 빠져 있는, 선진국 중에서도 가장 종교적인 국가. 예수 그리스도에게 집착하고, 하나님의 편애를 장자권처럼 쥐고 있으며, 영적인 지식을 온 마음으로 추구하는 나라." 하지만 이 나라는 그리스도인이나 비그리스도인이나 사실상 행동에 있어서는 별 차이가 없다. 차이가 있다면, 한쪽은 일요일에 교회에 간다는 것이고 다른 한쪽은 그렇지 않다는 것이다.[60] 아일랜드라는 또 다른 종교적인

---

60 Gerald Hiestand and Todd Wilson, *The Pastor Theologian: Resurrecting an Ancient Vision* (Grand Rapids: Zondervan, 2015, 『목사 신학자』, 부흥과개혁사), 53에서 인용함.

나라에 사는 이 책의 필자인 우리에게도 상황은 크게 다르지 않다. 우리는 고린도전서에서 바울이 고린도 교회의 미숙한 그리스도인들에게 세상과 구별된 삶을 살고 믿음을 갖기를 촉구하는 것을 살펴보았다. 이들은 세상과 다른 방식으로 살아가야 했다. 이와 같은 내용은 오늘날 서구 사회, 더 나아가서 전 세계적으로도 확산되고 있는 두 가지 뚜렷한 삶의 특징을 다룬다. 하나는 엔터테인먼트 문화다. 이 문화는 모든 사람이 태어날 때부터 그들과 접촉하기 시작해서 정보 산업의 힘을 통해 삶의 모든 영역에 그 영향을 미친다. 또 다른 하나는 번영이다. 세계 역사상 전례를 찾아볼 수 없을 정도로 우리는 번영하고 있지만 여전히 충분치 않아 보인다. 이 두 가지 특징 모두가 우리의 세계관에 깊은 영향을 미친다. 우리의 사고, 동기, 우선순위, 교회 생활, 그리고 다른 사람들을 대하는 태도 등에서 말이다.[61]

고린도전서를 단순하게 역사적인 문서 정도로 이해하고 접근한다면, 우리는 고린도전서가 하나님의 감동으로 된 말씀으로서 우리에게 제시하는 도전으로부터 멀리 떨어지고 싶은 유혹을 받게 된다. 다른 곳에서 바울은 그리스도인이 성숙해지는 데 필수적인

---

61 이러한 현상은 종종 "문화의 맥도널드화"라 불린다. "Cultural Imperialism: McDonaldization," Communication Technology 101, February 24, 2016, https:// communicationtechnology101.wordpress.com/2016/02/24/ cultural-imperialism-mcdonaldization/을 보라.

교훈과 책망과 바르게 함과 "의로 교육하기"에 성경이 유익하다고 기록한다(딤후 3:16-17; 히 4:12을 보라). 어떤 교회의 지도자가 말한 것처럼, "주일 아침에 사람들은 자신이 깨닫지 못한 것 때문에 혼란스러운 채 교회를 떠나서는 안 된다. 오히려 자신이 깨달은 것 때문에 혼란스러워진 채 교회를 떠나야 한다."[62] 바울은 구약 예언자들의 윤리적 요청을(암 6:1-7은 하나의 예일 뿐이다)[63], 그리고 산상수훈(마 6:25-34)에서부터 기독교 제자도의 자기 부인(막 8:34-38)에 이르기까지 예수의 많은 가르침을 되풀이하고 있다.

고린도전서를 어떻게 읽을 것인가

이미 이 책의 3장에서 고린도전서 자체가 우리에게 알려 준, 성경을 읽기에 적합한 영적 독서법 몇 가지를 설명했다. 이 장에서 우리는 기독교 제자도의 독특한 특징 몇 가지를 다시 살펴보고, 우리가 다루었던 중요한 주제들에 비추어서 이 특징들을 좀 더 자세히 알아보겠다. 그런 다음에야 우리는 성경이 오늘날 우리 시대에 어떻게 하나님 말씀을 전달하는지를, 그리고 하나님이 우리를

---

62 조지 코부르(George Kovoor)가 1999년 아일랜드 더블린, 아일랜드 교회 신학 연구소에서 한 말이다.
63 여기에는 부와 사치에 대한 무서운 집착과 오랜 엔터테인먼트 문화를 상기시키는 내용들이 있다. 대중적인 오해와 달리, 성경에는 성에 관한 내용보다 번영과 경제적 정의에 관한 내용이 훨씬 더 많다.

부르신 곳에서 우리가 어떻게 살아갈 수 있을지를 우리 자신에게 더 잘 질문할 수 있을 것이다.

감사함으로 읽기

감사는 물질적인 축복에 대해서 할 수 있다(딤전 4:4). 감사의 반대는, 바울이 고린도전서 10:1-13에서 고린도 교회 사람들에게 경고한 바와 같은 불평이다. 그러나 고린도전서 1:4-9에서의 강조점은 다른 그리스도인들로 인한 감사에 찍힌다. "나는 여러분에 대해서 항상 하나님께 감사드립니다." 바울의 다른 서신들도 이와 비슷하게 시작한다(예를 들어, 롬 1:8-10). 고린도전서의 경우, 감사는 바울이 다루고자 한 문제들이 기독교 공동체 구성원들 간의 긴장 관계와 관련되어 있다는 점을 가정할 때 특별한 중요성을 갖는다. 이와 같은 감사는 그리스도 안에서 우리가 하나 되었음을 인식할 때 나온다. 이 하나 됨의 인식은 이교 신전에서 이루어지는 만찬에 참여할 때 "약한 자들"의 믿음을 배려하라는 바울의 주장과 곧바로 이어진다(8:9-13).

우리가 직면하는 한 가지 유혹은 어떤 결정이나 행동 방침에 있어서 그것이 다른 사람들에게 미치는 영향은 고려하지 말고 오로지 자기 자신만의 유익만을 생각하라는 것이다. 이것은 다른 곳에서와 마찬가지로 교회 생활에서도 적용된다. 나는 기독교 **공동체**

의 헌신된 구성원인가? 아니면, 교회는 그저 내 개인적인 영적 재충전을 위해서 다니는 장소에 불과한가? 또한 이 내용은 예컨대 코로나19 팬데믹 상황에서 마스크를 착용하는 것에 대한 곤란한 질문에도 적용된다. 마스크 착용의 핵심은 단순히 코로나 감염병에서 나 자신을 지키는 것만이 아니다. 그것은 내가 다른 이들에게 바이러스를 옮길 수 있는 가능성으로부터 다른 사람을 지키는 것이기도 하다. 우리는 고린도전서를 읽으면서 다음과 같은 질문을 제기할 수 있다. 여기서 바울이 다룬 문제들 중에서 어떤 문제가 그 기독교 공동체 안에서 다른 이들에 대해 감사해야 함을 알고 이를 표현하는 일에 실패했다는 것을 보여 주는가? 이제 우리가 할 일은 십자가에 못 박힌 예수 그리스도를 따르는 자로서 그리스도와 같은 겸손함을 가지고 성부 하나님께 대한 순종을 배우기 위해 우리 자신의 의제와 우선순위를 내려놓는 법을 배우는 것이다.

겸손함으로 읽기

고린도전서 1-4장에서 바울은 지혜라는 범주를 택해서, 그리스도의 십자가 안에서 가장 뚜렷하게 계시된 하나님으로부터 온 지혜라는 관점에서 이를 다시 정의했다. 고린도 사람들은 자신들이 가진 지혜를 자랑하는 대신에 겸손해야 했다.

바울을 그토록 걱정하게 만든 문제들 중 하나는 "글로에의 집편"에서 그에게 보고된 분쟁이었다(1:12). 그들의 분쟁은 이들이 수사학에 매료되었음을 보여 주는 것이었다. 슬프게도, 이러한 사실은 그 당시 셀럽 문화 안에서는 당연하게 기대되는 것이었다. 고린도 교회 사람들 중 일부는 바울이 연설자로서 행하는 모습을 판단하는 위치에 있을 정도로 자신이 충분히 "지혜롭다"고 생각했다. 이들에게는 바울이 전한 복음의 내용보다 수사학적 재능이 더욱 중요한 것으로 여겨졌다. 그러므로 바울은 비록 그가 가진 수사학적 능력이 덜 인상적일지라도 십자가의 도가 갖는 중요성만은 강조해야만 했다(2:1-4). 십자가의 도는 어리석음과 지혜를 분리시켰다. 바울과 아볼로의 연설 능력을 비교하는 것은 헛수고에 불과하며, 이는 단지 고린도 교회 사람들이 신앙적으로 미성숙함을 보여 주었을 뿐이다(3:1-6). 이 문제는 이러한 태도가 그들의 사고방식에 얼마나 깊이 뿌리내리고 있는지를 보여 주며, 고린도후서 10:1-11:6에서 이 문제를 다시 한 번 직면해야만 한다.

이사야가 기록한 것처럼, 하나님의 생각과 길은 타락한 우리의 생각과는 너무도 달라서 우리가 그분의 뜻을 이해하기 위해서는 그분의 도움을 의지해야만 한다(사 55:8-9). 고린도전서의 맥락에서 볼 때 지혜로운 읽기란 십자가의 지혜라는 관점을 통해서 읽는 것이고, 따라서 우리의 생각과 마음을 밝혀 주시는 성령을 초청하는 일을 포함한다(요 14:25-26; 15:26).

또한 고린도전서 1:18 이후로 계속 이어지는 그리스도의 십자가에 대한 바울의 설명은 고린도 교회 사람들이 구원을 향해 나아가는 것이나 교회 구성원이 될 수 있음은 전부 그들 스스로의 공로는 아무것도 없는 하나님의 은혜였음을 강조한다.[64] 이처럼 우리를 겸손하게 하는 진리는 수많은 예전과 찬송가에 표현되어 있다. 오늘날 많은 그리스도인들에게 이 진리는 성찬 예배에서 "겸손히 나아감을 위한 기도"(Prayer of Humble Access)를 낭독할 때마다 되풀이된다.

우리는 당신의 식탁 아래 떨어져 있는 부스러기조차 주울 자격이 없나이다.
그러나 당신은 본성상 언제나 자비를 베푸시는 바로 그 주님이십니다.

여기서 또다시, 겸손함으로 성경을 읽으라는 도전은 우리가 책망을 받고 바르게 교정되어야 할 영역에 있어서 성경이 그 일을 하도록 우리가 허용해야만 한다는 것을 의미한다(딤후 3:16-17). 특

---

64 "자기 스스로 성공한 사람이라 칭하면서 창조주를 예배하는 인간"(a self-made man who worships his creator)에 관해 널리 회자되는 농담을 이 내용과 대조하라.

히 고린도전서를 읽을 때는, 개인적으로든 공동체와 함께 읽을 때든 우리가 실천해야 할 일은, 바울이 이의를 제기하고 있는 태도와 관습에 주의를 기울이고, 우리가 따르고 있는 기독교 제자도에 영향을 주고 세상과 타협하도록 위협하는 오늘날의 사고방식이 무엇인지 스스로 질문하는 것이다.

> "바울의 텍스트를 매우 세심하게 연구하면서, 나는 살아 계신 하나님(성부, 성자, 성령)과 지속적으로 만나는 경험을 했다. … 교회에 있는 다른 이들을 위해 바울의 텍스트의 의미를 더욱 밝히고자 그것을 주해했을 때, 나는 말씀의 능력에 압도되어 눈물을 흘리고 기뻐하며, 기도하고 찬양하는 일이 종종 있었다."
> ― 고든 피,『성령이 들려주시는 하나님의 말씀』

지혜로움으로 읽기

십자가는 유대인들에게는 거리끼는 것이었고, 이방인들에게는 미련한 것이었다(1:18-25). 성(性)과 인간 몸에 관한 바울의 가르침 역시 이와 비슷하게 오늘날의 문화적 관점에서는 미련한 것으로 보일 뿐 아니라 교회 안에 있는 사람들에게는 거리끼는 것으로 보일 수 있다. 우리의 체중, 키, 피부색, 머리카락 색깔 등 외모와 건강에 대한 집착의 근원은 뿌리 깊은 불안이다. 강력한 힘이 이러한 불안을 부추긴다. 모든 산업이 이에 대한 해결책을 제공하기 위해 존재하는데, 곧 다이어트, 화장품, 운동, 심지어 성형수술

같은 것들이다. 그러나 바울이 말하는 지혜는 우리 몸이 하나님의 사랑과 구원의 대상이라는 것을 상기시킨다. 곧 우리가 스스로를 이해하는 방식을 형성하기 위해 전혀 색다른 이야기가 등장한다. 결과적으로 이 지혜는 우리가 부정적인 사고방식을 피하고 이 시대의 소비문화가 유혹하는 소리에 저항하는 방식으로 우리 시간과 자원의 우선순위를 정하는 데 도움을 줄 것이다.

우리는 인간 몸에 관해서 바울이 전해 주는 복음의 이야기에 귀를 기울일 때에야 비로소 성에 관한 윤리적 지혜를 이야기하는 그의 목소리를 들을 수 있다. 그래야만 우리는 바울의 큰 그림을 보기 시작할 것이고 바울의 급진적이고 변화시키는 힘이 있는 비전을 이해하게 될 것이다. 우리는 이러한 내용을 다룬 이 책 5장에서 어떻게 바울이 성도덕(sexual morality)을, 비록 중요하긴 하지만, 우리의 육체적 실존의 한 요소로 이해하는지를 보았다. 바울의 몸 신학은 최소한 두 가지 이유에서 중요하다. 첫째로, 우리는 어떤 방식으로든 우리의 이성적인 혹은 의식적인 자아가 몸과 분리되어 있다고 이해할 것이며, 따라서 몸의 중요함을 낮추어 보려는 유혹에 빠질 수 있다. 둘째로, 우리는 우리 몸이 하나님 앞에서 별 가치가 없다고 쉽게 결론 내릴 것이다. 그러나 바울은 우리가 큰 값을 치르고 대속함을 받은 존재임을 알려 준다(벧전 1:18-19). 예수께서 죄에 빠진 인류를 위해 죽으셨을 때, 단지 우리의 마음과 영혼, 혹은 영만을 위해 죽으신 것이 아니었다. 그는 **우리 존재 전체**를 위해 죽으셨다. 성적 윤리에 관한 바울의 가르침은 우리가 우리 몸을 성령의 전이라는 새로운 위상으로 바라보도록 만든다. 이것은 이 땅에서 하나님의 영원한 목적을 담아내기 위한 그릇으로서의 몸이 가진 본질적인 가치를 발견하는 여정의 시작이 될 수 있을 것이다.

소망함으로 읽기

부활에 관한 바울의 장황한 설명은 부활의 실재를 부정했던 사람들에 대한 반응이었다(고전 15:12). 오늘날 복음의 진리를 증언하는 일에 있어서 그리스도인들을 낙담하게 만드는 것은 몇몇 그리스도인 형제자매들이 동양종교와 철학의 영향을 받아 환생이라는 개념을 매력적인 대안으로 여기는 것을 볼 때다. 부활을 비과학적인 것으로 간주하고 이를 부정하는 공격적인 세속주의가 힘을 얻어가고 있는 것 역시, (앞 경우보다 더 그렇지는 않더라도) 낙심되는 일이다. 바울의 주장에서 핵심적인 것은 그리스도의 부활이 우리의 부활을 보증한다는 것이다. "그러나 이제 그리스도께서 죽은 자 가운데서 다시 살아나사 잠자는 자들의 첫 열매가 되셨도다"(15:20).

이 소망은 짧지만 강력한 끝맺음의 권고로 이어진다. "그러므로

나의 사랑하는 형제자매 여러분, 굳게 서서 흔들리지 말고, 주님의 일을 더욱 많이 하십시오. 여러분이 아는 대로, 여러분의 수고가 주님 안에서 헛되지 않습니다."(15:58, 새번역). 이것은 **구체적인** 적용 사항을 제시하는 것 같지는 않다. 그 대신에, 그것이 함의하는 바는 광범위하다. 여기서 부활을 믿는다는 것은 복음의 진리에 대한 우리의 증언이 이 세상의 삶에서 그 결실을 맺지 못할지라도, 이후에 반드시 열매를 맺는다는 확신과 짝을 이룬다(골 1:6; 사 55:11을 보라).[65] 이러한 확신은 바울이 특히 복음의 목적에 적용하는 단어인 "수고"(labor)를 사용할 때 더욱 강조된다(고전 3:8; 16:16, 그리고 다른 서신서들에서). 바울이 데살로니가 교회의 그리스도인들을 칭찬한 내용 역시 우리에게 감동을 준다. "또 우리는 하나님 우리 아버지 앞에서 여러분의 믿음의 행위와 사랑의 수고와 우리 주 예수 그리스도께 둔 소망을 굳게 지키는 인내를 언제나 기억하고 있습니다"(살전 1:3, 새번역).

사랑함으로 읽기

사랑은 고린도전서 13장의 특별한 주제다. 그와 동시에 사랑은

---

[65] "헛되이"(그리스어: kenos[케노스])라는 용어는 바울이 이미 자신의 사역에 적용했던 말이며("헛되지 아니하여", 고전 15:10) 부활에 대한 일부 고린도 교회 사람들의 신념에 적용했던 말이다("헛것이며", 고전 15:14). 이와 관련된 또 다른 그리스어는 kenē(케네)다.

바울의 나머지 다른 서신들의 기초를 이룬다. 앞서 우리는 고린도전서를 원래의 맥락과 대조해서 읽는다면 우리의 행위와 우선순위들이 교회 안에서 다른 사람들에게 어떤 영향을 주는지를 이해하도록 도전받게 될 것이라고 제시했다. 이제 우리는 여기서 한 단계 더 나아가겠다. 고린도전서를 다시 읽고 고린도 교회가 직면한 특정한 문제들을 오늘날 우리 삶과 비교할 때, 이것은 우리가 다른 이들을 복되게 하기 위해 우리의 행동과 우선순위를 선택하는 데 어떤 도움을 주는가?

사랑이 작동하는 방식 중 하나는 공감이다. 공감이란 다른 이들이 이 세계를 어떻게 느끼고 경험하는지를 이해하는 능력이다. 이 책의 3장에서 우리는 우리가 읽는 고린도전서의 사람들을 좀 더 잘 이해하기 위해 한 걸음 더 나아가면서 공감으로서의 사랑에 관해 이야기를 나누었다. 만약 우리가 바울이 고린도전서에 기록했던 문제들 중 고린도 교회가 붙들고 씨름했던 것, 특히 바울이 이들에 대해 분명히 비판했던 것이 무엇인지를 실제로 보게 된다면, 우리는 단순히 고린도 교회 사람들을 정죄하고 우리 자신은 이들보다는 낫다고 확신할 것이다("하나님이여 나는 다른 사람들 … 같지 아니함을 감사하나이다", 눅 18:11). 하지만 그렇게 하는 대신에 공감하는 방식은 바울의 편지와 관련시켜 보았을 때 거의 이천 년이 지난 지금 우리가 고린도 교회와 비슷하게 직면하고 있는 문제들을 더욱 용이하게 파악할 수 있도록 해 준다.

도전으로 마무리하다

한 가지 유용한 실천은 우리 자신이 1세기 고린도 교회의 그리스도인이 되어 보려고 (개인이나 단체로) 시간을 투자해 보는 것이다. 그렇게 하면 다음과 같은 몇 가지 질문이 떠오를 것이다. 고린도의 경제적이고 문화적인 분위기를 고려해 보았을 때, 고린도 교회 사람들은 자신들이 가진 우선순위를 내려놓고 온전히 그리스도를 받아들이는 것이 얼마나 쉬웠을까? 아니면 얼마나 어려웠을까? 어떤 이들은 다른 이들보다 그 일이 좀 더 쉬웠을까? 또 어떤 사람들은 이전에 가지고 있던 자신의 세계관에 기독교를 단순히 **추가하는** 것이 좀 더 쉽다는 것을 알고 그렇게 한 반면에, 다른 이들은 그리스도를 온전히 받아들이지 않았을까? 왜 이러한 일이 일어나는 것일까? 그들 간의 격차는 어떤 긴장감을 조성했을까?

고린도전서의 일부 내용이 경제적 부와 성취에 관한 문제를 다룬 것임을 감안한다면, 바울의 가르침은 예수님의 가르침, 예를 들면 산상수훈 같은 가르침을 얼마만큼 반영하는 것일까? 또 그것은 구약의 예언자들이 제기한 도전을 어디까지 반영하는 것일까? 그런 다음에 다시 공감이라는 주제로 되돌아가서, 우리는 공동체 구성원들의 경제적 번영의 수준이 서로 다르다고 알려진 집단들 안에서 고린도전서 8-11장을 읽어 보도록 한 걸음 더 나아 갈 수 있다. 이것은 경제적으로 가난한 도심지에 사는 사람들과 교제하는 부유한 도시의 회중 공동체를 포함할 수 있다. 또한 2/3 세계(Two-Thirds World, 과거 서구권에 비해 정치적으로나 경제적으로 낙후된 아시아와 아프리카 등을 가리켰던 제3세계라는 용어 대신, 사실상 세계 인구와 땅 대부분 곧 2/3를 차지하는 아시아, 라틴아메리카, 아프리카, 오세아니아 등을 가리키는 용어 - 역자 주)에서 온 해외 그리스도인 방문객들(아마도 비디오 컨퍼런스를 통해서 참여할 수 있을 것이다)을 포함한다.[66] 이러한 실천은 특히 형편이 좀 더 나은 참여자들에게는 매우 불편한 일일 수 있다. 그러나 우리가 성서 텍스트에 참여하는 것의 얼마나 많은 부분이 불편함보다 편안함으로 여겨지게 되어 있는가?

예를 들어, 나(론)는 올해 정원에서 많은 열매를 거두었다. 봄에 가지치기를 열심히 했기 때문이다. 하나님이 사람들을 다루시는 방식도 그와 크게 다르지 않다(요 15:1-4).

---

66 이 실천은 신중하게 계획하고 진행해야 할 일이다. 정중하게 실행하는 것만으로는 효과가 없을 수 있다. 성서에 대한 혹은 서로에 대한 적절한 참여가 없을 수 있다. 발생 가능한 문제는 일부 참여자들이 다른 사람들의 견해로 인해 모욕감을 느끼거나 부당한 대우를 받는 느낌을 받을 수 있다는 점이다. 모든 참여자들은 불편한 문제에 대해 미리 준비해야 한다.

| 생각해 볼 질문 |

01 그리스도인들은 현대 문화를 분별하는 일에 얼마나 능숙한가? 우리는 현대 문화를 성서 텍스트와 연관시키는 데 얼마나 탁월한가? 지금까지 고린도전서를 공부한 내용들이 고린도전서가 다룬 여러 특정한 문화적 문제들을 파악하는 데 도움이 되었는가?

---

02 만약 공동체 안에서 고린도전서를 공부한 경우라면, 이러한 공부가 고린도전서의 텍스트가 지닌 의미를 새로운 관점에서 바라보도록 도움을 주었는가?

---

03 당신의 교회는 사람들이 개인적으로 예배드리기 위해 가는 장소인가, 아니면 공동체인가?

추천 도서

D. A. Carson. *The Cross and Christian Ministry: An Exposition of Passages from 1 Corinthians*. Grand Rapids: Baker, 1993; Leicester: Inter-Varsity Press, 1993.

James D. G. Dunn. *1 Corinthians*. London: T&T Clark, 2003.

Gordon D. Fee. *The First Epistle to the Corinthians*. Grand Rapids: Eerdmans, 1987.

Gordon D. Fee. *Listening to the Spirit in the Text*. Grand Rapids: Eerdmans, 2000.

Gordon D. Fee and Douglas Stuart. *How to Read the Bible Book by Book*. Grand Rapids: Zondervan, 2002, 324-332.

Lesslie Newbigin. *Foolishness to the Greeks: The Gospel and Western Culture*. London: SPCK, 1986.

Anthony C. Thiselton. *1 Corinthians: A Shorter Exegetical and Pastoral Commentary*. Grand Rapids: Eerdmans, 2011.

Ben Witherington III. *Conflict and Community in Corinth: A Socio-Rhetorical Commentary on 1 and 2 Corinthians*. Grand Rapids: Eerdmans, 1995.

N. T. Wright. *The Resurrection of the Son of God*. London: SPCK, 2003.

N. T. Wright. *Surprised by Hope*. London: SPCK, 2007.